SUA EXCELÊNCIA, O

terroir

Guilherme Pinz

SUA EXCELÊNCIA, O

terroir

wonderful
EDITORA E PROJETOS ESPECIAIS

EDITOR
Fernando di Primio Conceição
fernando@diprimio.com.br

CAPA
Diego Rodrigues Ferrer

REVISÃO
Flávio Dotti Cesa

FOTOGRAFIAS
Acervo do autor

EDIÇÃO
WONDERFUL EDITORA
(51) 99971.0009

SUA EXCELÊNCIA, O TERROIR
Guilherme Pinz
Porto Alegre: Wonderful, 2020

ISBN: 978-65-87318-01-1

16 X 23 cm. ; 180 p.

1. Enologia, Geologia, Terroir, Vinhos,
Agricultura e tecnologias relacionadas
I Pìnz, Guilherne

Acalorados e profundos agradecimentos à Isabel Cristina, minha esposa; a Yuri Junqueira, meu filho, e a Laercio Rogério, meu irmão; que sempre e em todas as situações me apoiaram fortemente a seguir meu caminho no mundo dos vinhos e poder alcançar, assim, meus sonhos e executar meus projetos!

SUMÁRIO

PREFÁCIO

Este livro tem como foco específico as coisas que tratam do terroir e as variáveis do seu entorno. Apresentar as questões técnicas que envolvem a configuração do universo do terroir e do mundo dos vinhos é uma oportunidade que queremos levar ao leitor apaixonado por essas coisas.

Tento facilitar o entendimento dos termos técnicos e de todos os aspectos que compõem o universo de informações possíveis sobre o tema. Faço uso de grafismos, tabelas, mapas e fotos de regiões que visitei para ajudar no entendimento das informações. Os capítulos não têm uma narrativa sequencial, ou seja, eles podem ser lidos de forma aleatória, conforme o interesse imediato. E também apresento curiosidades históricas e momentos inusitados que passei como profissional geólogo e sommelier.

Mesmo assim, tenho que informar que o tema é complexo e exige um esforço por parte do leitor. Assim, destaco que o capítulo 2 é o mais concentrado e mais técnico de todo o livro. São vários termos geológicos, pedológicos e químicos que apresento ali. Exige dedicação! Sugiro que se em algum momento se tornar cansativo, dê uma pequena pausa e/ou pule para outro capítulo. Mas não deixe de lê-lo, pois é o núcleo deste livro!

Os outros capítulos tratam de temas comuns e com livros já publicados mundo afora sobre esses assuntos. Mas em especial nos capítulos 4 e 5 estão apontadas informações e também dados que apresento sob a minha ótica e interpretação dos temas. Ou seja, a forma como um geólogo e sommelier entende esse universo de situações ali citadas.

Muitas coisas já foram escritas sobre esses assuntos, mas, na minha opinião científica, entendo que existem fragilidades e incipiência sobre alguns dados. Quero, pois, apresentar o modo como eu enxergo isso tudo e colocar a defesa de meus argumentos.

Destaco ainda que grande parte dos dados apresentados possui base científica, e como tal, faço as referências bibliográficas que estão nas páginas finais do livro. Assim, o livro é constituído de dados captados ao longo de minha carreira profissional e por informações advindas de pesquisadores atuantes no mundo científico (a maioria ainda vive, outros já faleceram). Ainda, por questões mercadológicas e de direito de marcas, não faço referência a vinícolas, salvo algumas exceções muito específicas que são justificáveis.

Desejo a todos uma ótima leitura!

O AUTOR

INTRODUÇÃO: O TERROIR

Brincando com letras consoantes e vogais, podemos afirmar que terroir é uma palavra de origem francesa que expressa um determinado espaço geográfico destinado à agricultura. Tem a base linguística no latim com o termo *territorium*. É isso!

Em termos tateáveis, físicos, determinamos o terroir como um espaço físico compartimentado apto à agricultura configurada por componentes de natureza geológica, solo, relevo e microclima. Esses componentes possuem uma determinada similaridade e homogeneidade em uma certa escala, e por esse fato propiciam um ambiente apto ao cultivo controlável de uma determinada variedade agrícola, no nosso caso, as videiras. No mundo vitícola ele funciona quase que como um patrimônio natural para um determinado proprietário, propiciando ganhos financeiros de alta escala sobre tal cenário. Em alguns casos vira quase que uma idolatria de consumo e base de negociações milionárias (digam-se alguns *châteaux* da Borgonha e de Bordeaux).

No entanto, ultrapassando essas definições amplamente comentadas mundo afora, quero destacar alguns fatores que entendo como sendo o núcleo do conceito terroir.

O terroir em sua essência nada mais é do que um compartimento que possui vida e dinamismo próprios, com seus componentes se relacionando intrinsecamente; um fornecendo o elemento de vida para o outro componente e vice-versa, num ciclo fechado contínuo e ininterrupto (dentro do tempo geológico, não o do ser humano!). Cada terroir é uma unidade de vida única, com interações geoquímicas e bioquímicas ocorrendo somente naquele compartimento. Essa relação possui uma escala molecular, onde esses elementos geoquímicos e bioquímicos se transformam e se consolidam ao ambiente ali delimitado (por isso é um compartimento fechado). Entender o terroir exige a necessidade de olharmos tudo com uma lupa.

O processo de entender o terroir é secular, no mínimo 3.500 anos quando tratamos da relação com as videiras. Vários séculos de experiências e investigações desenvolvidas pelo homem propiciaram que a palavra ganhasse uma notoriedade não aplicada a outras cultivares (apesar de que a essas também podem ser aplicadas). E isso é uma questão importante de ser observada, pois existem terroirs para o cultivo de vários produtos, como, por exemplo, as tâmaras, o melão, a oliveira, o abacaxi, maçã, romã e outros mais. Essas outras cultivares também têm seu "pedaço de terra-terroir" em que mais se adaptam.

Nesses tipos de cenários entra a figura do ser Sapiens para que o compartimento terroir consiga mostrar toda sua peculiaridade e personalidade. Para alguns técnicos e autores, o ser Sapiens faz parte do terroir, mas eu não faço parte desse grupo. Entendo que o terroir é uma unidade física autônoma que existe ali desde que o planeta Terra existe tal como o conhecemos hoje. O ser Sapiens veio depois, e após o período de entendimento desse compartimento (saindo da fase coletor/caçador para a fase agricultor), ele faz o uso dela moldando/pincelando a sua cultivar a esse espaço físico. O terroir é o fator definidor da possibilidade de manutenção e existência de uma determinada cultivar no local (no nosso caso, as videiras), e não o contrário. Então, após a aceitação do produtor a essa regra, a cultivar é moldada por ele para atingir seu apogeu, sendo que nesse processo simbiótico o ser Sapiens trabalha quase que como um artista dando as pinceladas num quadro artístico para que dali saia uma grande obra, em nosso caso, o vinho!

E como não poderia deixar de ser, a expressão do terroir chega na garrafa, conduzida habilmente pelo enólogo produtor, fazendo com que o DNA do local se apresente na bebida. O mercado produtor apresenta por meio das rotulagens e engarrafamento o espelho das enorregiões com todas as características do terroir, fazendo com que o consumidor entenda claramente o que está ali a sua frente.

Ao longo dos próximos capítulos esmiuçaremos todas essas variáveis que compõem esse instigante universo, com ênfase maior no capítulo 2.

1

SOBRE VINHOS E REGIÕES

Ao produzirem sua vida material e a ocupação de seu espaço, as sociedades modificam os ambientes naturais e os formatam para seu uso. O processo de humanização da natureza e da transformação dela em recurso produtivo resulta na produção e consolidação do espaço geográfico (trabalho social, materialização de ideias e ações sobre a natureza).

"Sendo o espaço geográfico materializado em uma paisagem, esta representa diferentes momentos da instalação de uma sociedade, alterando-se continuamente para atender à demanda da sociedade local ou extra local" (Santos, 1992). Dentro desse contexto, a agricultura (para o nosso caso, a viticultura) passa a adquirir uma importância central na expansão e geração de divisas, se inserindo assim em um processo de verticalização como fornecedora de matéria-prima para a industrialização. A história de Bordeaux como produtora de vinhos se consolidou dessa forma.

Esse processo todo é concentrador, gerando agregados produtivos rurais e/ou urbanos que se consolidam ao longo do avanço temporal, e tem como pano de fundo fatores produtivos específicos ao local. Para o caso da viticultura, o fator terroir é o exemplo para esse setor produtivo, consolidando novos ambientes enogeográficos. E nesse cenário as regiões dos vinhos do novo mundo são exemplos muito claros de tal situação.

A tipicidade do terroir dessas enorregiões é a base norteadora da consolidação desses espaços, sendo possível observar a facilidade com que algumas variedades viníferas se adaptaram a determinadas regiões, fornecendo a posterior grandes vinhos. Isso reforça a tese de que a própria terra escolhe a cultura vitícola que melhor lhe convier, e não o contrário.

Dentro do contexto acima, eu tenho o hábito de responder a algum questionamento sobre as melhores vinícolas para se comprar um vinho com uma palavra simples: Depende! Sim, depende, pois é importante entender de que tipo de vinho a pessoa gosta e, em cima disto, poder lhe indicar qual a melhor enorregião a se buscar os vinhos. Tenho como premissa interna em mim essa coisa do terroir e obviamente isto vai levar meu raciocínio às regiões produtoras. Sabemos que nem sempre uma vinícola muito conhecida possui todos os seus vinhos como muito bons; pois talvez a estratégia seja produzir vinhos em grande escala e, aí, a qualidade se perde um pouco (por mais que eles digam que não!). Nessa situação, para mim o que vale mesmo é a região de onde vem o vinho. Exemplificando: posso comprar um excelente Malbec da região do Vale do Uco na Argentina, ou ainda, um excelente Riesling da Alsácia; e em ambas independentemente das vinícolas que existem lá, pois a maioria delas vão ser muito boas. Agora, e em Bordeaux? Até 2016 eram 13 mil viticultores, com produção de vinhos na casa dos 700 milhões de garrafas (oscila ano a ano)! Levando em consideração de que região você comprou o vinho – só pela questão do rótulo/vinícola –, pode talvez acarretar uma compra não agradável, pois são muitas vinícolas com interesses de mercado diferentes. Nesse ambiente, o que vale avaliar são as microrregiões, ou melhor, os microterroirs! Quando se trilha um contexto de megaescala, é primordial você dar um zoom nas regiões para adquirir os vinhos certos.

Mas, mesmo assim, levando-se em consideração o volume em produção e vinhos premiados ao longo do tempo, podemos elencar as principais regiões vitícolas (com seus espaços geográficos delimitados e conhecidos) do mundo na lista que segue na tabela:

PAÍS	ENORREGIÕES
França	Champagne, Alsacia, Loire, Bordeaux, Côtes du Rhône, Borgonha, Provença
Itália	Piemonte, Toscana, Vêneto, Emilia-Romana, Lombardia, Sicília, Sardenha
Portugal	Douro, Dão, Alentejo, Minho, Beiras, Trás-os-Montes, Estremadura, Bairrada, Ribatejo, Setubal, Algarve, Madeira
Alemanha	Rheinhessen, Pfalz, Baden, Würtenberg, Mossel, Ahr, Rheingau, Nahe, Francônia, Saxônia
EUA	Napa, Sonoma, Mendocino, Robles, Edna, Santa Maria, Santa Ynes, Costa Sul
Chile	Colchagua, Casablanca, Maipo, Aconcágua, Maule, Curicó, Itata, Bio-Bio, Cachapoal
Argentina	Mendoza e Vales, Salta, Catamarca, La Rioja, San Juan, Neuquén, Rio Negro
Uruguai	Canelones, Montevidéu, Rivera, Durazno, Colônia, Maldonado,
Brasil	Serra do RS, Campanha do RS, Sudeste do RS, São Joaquim -SC, anel vitícola Curitiba-PR, Vale São Francisco-BA
Austrália	Hunter Valley, Mudge, Riverina, Barrosa Valley, Yarra Valley, Margaret River, MacLaren Valley, Rutherglen, Coonawara
Nova Zelândia	Malborough, Nelson, Canterbury, Centra Otago, Auckland, Gisborne, Hawkes Bay, Wairarapa
África do Sul	Klein Karoo, Breede River, Cape South Coast, Olifants River, Norther Cape, Limpopo, Kwazulu-Natal

Bom, tenho certeza de que algum leitor vai aqui questionar: mas e os vinhos húngaros, suíços, georgianos, chineses, israelenses, peruanos, etc.? Sim, neste mundo afora temos outras regiões fantásticas que produzem grandes vinhos, como os que listei brevemente. No entanto, tabelei aquelas que entendo que possuem uma grande representatividade comercial e se posicionam muito bem em termos de qualidade, vistas as constantes premiações em eventos no mundo afora (em específico aquelas reconhecidas pela OIV *(Organisation Internationale de la Vign et du Vin))*. Já degustei vinhos suíços e húngaros de excelente qualidade, mas que em termos de comércio mundial são muito pouco representativos. Mas é

Mapa simplificado delimitando os eixos geográficos dos principais dois polos vitivinícolas no planeta.

óbvio que o leitor, amante do vinho, pode buscar e conhecer também ótimos vinhos dessas outras regiões.

A territorialidade do vinho (onde inserimos todos os sistemas: terroir, comunidades, logística, vinícolas, viticultura, etc.) possui um espaço delimitado no nosso planeta devido aos fatores acima apresentados. Esse espaço não é linear e estanque, mas acompanha em boa parte os eixos geodésicos de latitude do planeta entre os graus 30º a 45-50º nos hemisfério sul e norte, respectivamente, o que pode ser visto na figura abaixo. Como vamos explicitar no capítulo 2, existem motivos físico-biológico-climáticos para tal. Ou seja, as coisas não estão à toa aqui no planeta; nem nós!

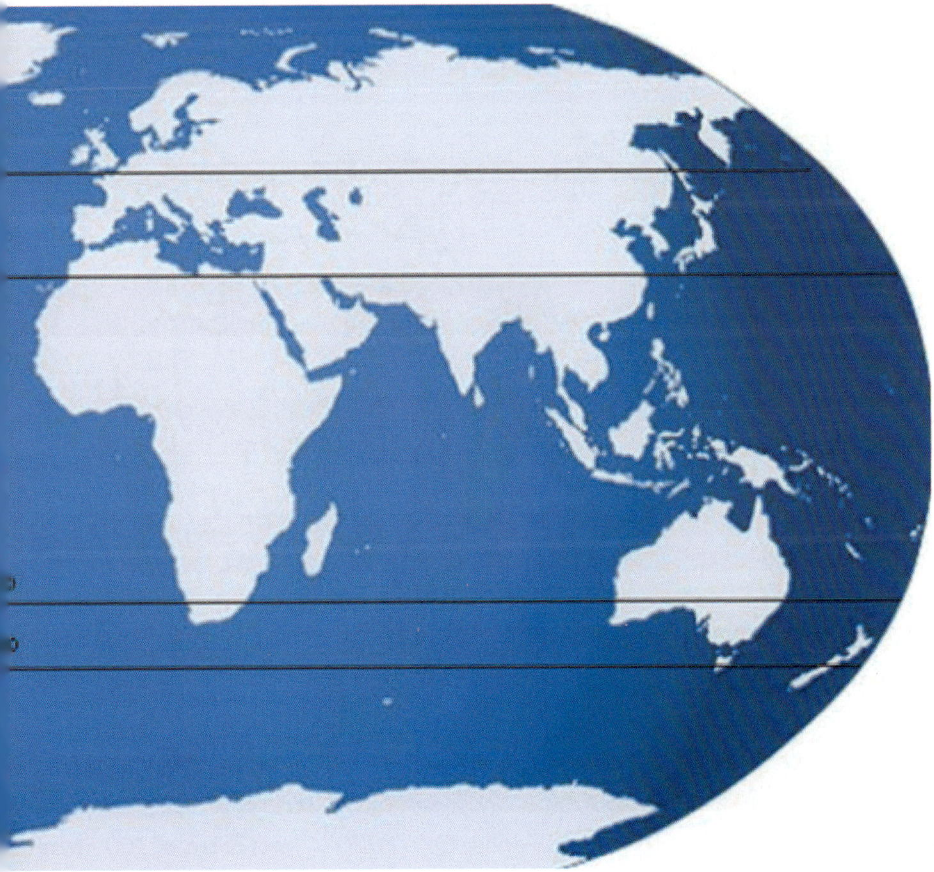

PRODUÇÃO ANUAL DE VINHO NO MUNDO *(em milhões de hectolitros*)*

PAÍS	MÉDIA 2013-2017	2017	2018	VARIAÇÃO (%) 2018-2017
ITÁLIA	48,3	42,5	54,8	28,9
FRANÇA	43,5	36,4	49,1	34,8
ESPANHA	38,9	32,5	44,4	36,7
EUA	23,2	23,3	23,9	2,3
ARGENTINA	13,0	11,8	14,5	22,8
CHILE	11,0	9,5	12,9	35,9
AUSTRÁLIA	12,6	13,7	12,9	-6,1
ALEMANHA	8,6	7,5	9,8	30,7
ÁFRICA DO SUL	11,0	10,8	9,5	-12,5
CHINA	13,1	11,6	9,3	-20,0
RÚSSIA	5,4	6,3	6,5	3,0
PORTUGAL	6,4	6,7	6,1	-10,0
ROMÊNIA	4,0	4,3	5,1	17,9
HUNGRIA	2,8	3,2	3,6	14,6
BRASIL	2,6	3,6	3,1	-13,2
NOVA ZELÂNDIA	2,8	2,9	3,0	5,8
ÁUSTRIA	2,2	2,5	2,8	10,8
GRÉCIA	2,7	2,6	2,2	-15,4
MOLDÁVIA	1,8	1,8	1,9	5,5
SUÍÇA	0,9	0,8	1,1	40,4
BULGÁRIA	1,3	1,1	1,0	-3,6
OUTROS PAÍSES	14,8	14,5	15,0	3,0
TOTAL MUNDIAL	270,9	249,8	292,3	17,0

Fonte: OIV/2020 (1 hectolitro = 100 litros)

Na tabela ao lado, podemos observar a produção anual de vinho dos principais países produtores, nos anos recentes. E a partir daqui, neste capítulo, vamos apresentar estes maiores produtores no mundo, tendo em vista que hoje em dia se produzem vinhos até em regiões outrora não representativas, como já citamos exemplos.

FRANÇA

Como não poderia deixar de ser, a França é o país que está no imaginário apaixonado de todo amante do vinho, independentemente do grau de conhecimento que cada indivíduo tem. Possui dentro de seu espaço territorial regiões que desde os primórdios do mundo dos vinhos atraem visitantes de todos os recantos que buscam se deliciar com as paisagens vitícolas, os aspectos culturais, arquitetônicos, com seus bucólicos vilarejos e grandiosos *châteaux* e, ainda, os elementos gastronômicos que ali existem. Carregam em si que o terroir é o grande responsável pela qualidade dos vinhos, o que influenciou inclusive na definição das diretrizes que formaram as categorias de classificações de qualidade dos mesmos no país.

Por um bom período, entre os séculos 18 e 19, a França teve o predomínio da produção de vinhos e ditava modismos e diretrizes técnicas para o mundo afora. Foi desse país que saíram grandes vinhos; onde surgiu o vinho espumante (Champagne) e seus procedimentos técnicos de vinificação, as diretrizes para os vinhos de corte (assemblage)(bordalês), as denominações de origem, os vinhos aristocráticos e também as fortunas geradas pela produção deles. Os modismos que também se atrelaram a esse setor produtivo, como a gastronomia (refinadíssima), vestimentas, literatura, dramaturgia e grandes pensadores. Realmente, poderíamos encher páginas de adjetivos a esse país e todo o legado que nos deixou e ainda nos oferece. Por essas e outras é que ainda hoje possui grande respeito nas sociedades mundo afora.

Dentro desse cenário, a França sempre pontua como um dos maiores produtores mundiais de vinho, se alternando em primeiro lugar com a Espanha e Itália. Segundo dados da OIV para o ano de 2018, a produção mundial ficou em 292,3 milhões/hectolitros, sendo que a França está em segundo com 41,9 milhões/hectolitros.

Em termos de território geopolítico não é um dos maiores do mundo, mas, mesmo assim, consegue explorar sua diversidade geográfica e climática como nenhum outro, pois ao mesmo tempo que produz excelentes vinhos brancos frescos e aromáticos ao norte, como na Alsácia e Champagne, também é capaz de apresentar ao consumidor vinhos tintos densos e de personalidade, como no sul, em especial na Côte du Rhône e Provença. Tendo em conta esse cenário, devemos entender que cada região do país traz consigo características próprias e muitas surpresas em termos de padrão do vinho.

Conforme a tabela acima, destacam-se no país as regiões vitivinícolas de Champagne, Alsacia, Loire, Bordeaux, Côtes du Rhône, Borgonha, Provença; nelas temos uma diversidade enorme de pequenos e grandes produtores. São as principais, mas existem outras menores, como Cahors, Jura, Limoux, Sabóia e Córsega, para citar alguns. É um típico lugar onde os amantes do vinho devem ficar semanas rodando pelas estradas e conhecendo essas regiões. No entanto, caso o leitor não tenha muito tempo, fica a dica de priorizar a visita à região de Bordeaux, Borgonha e Champagne, visto o fato de tudo o que representam no mercado mundial.

A região de Bordeaux efetivamente domina o cenário produtivo nacional, tendo em vista o seu espaço territorial e a sutileza de seus microterroirs (a predominância de amplas planícies com depósitos sedimentares espessos e colinas/pequenos platôs com rochas calcárias no substrato e solos coluviais pouco espessos). O Rio Gironde e seu estuário, abastecidos ao norte pelo rio Dordogne e ao sul o Rio Garonne, formam os eixos hidrográficos da região, e no aspecto histórico foram um dos fatores preponderantes para a instalação dos vinhedos nesses locais. À margem esquerda de quem desce o rio predomina o plantio da Cabernet Sauvignon, e na direita, a Merlot. No geral as principais uvas tintas plantadas são Cabernet Sauvignon, Merlot, Cabernet Franc e Petit Verdot. As brancas são Sémillon, Sauvignon Blanc e Muscadelle. Dentro da região existem 57 AOCs (*Appellation d'Origine Contrôlée*). São rotuladas conforme três grandes grupos: as genéricas, as regionais e as comunas. Dentro de cada uma existe uma centena de *châteaux*. Um pequeno parêntese: *château* não é significado de castelo (apesar de algumas as terem), mas sim é um termo bordalês que se refere a fazendas/propriedades que cultivam apenas vinhedos e que por vezes também produzem vinhos.

Dentro dos grupos exemplificamos comunas, como: Margaux, Pauillac, Saint-Etèphe, Saint-Julien, Listrac e Moulis, apenas para citar algumas. Nas regionais exemplificamos o Mèdoc, Graves, Sauternes, Pomerol, Entre-Deux-Mers e Saint-Émillion. Nas genéricas as rotulagens são imprecisas, pois são de regiões amplas, sem muito controle, como Bordeaux, Bordeaux Supérieur e Bordeaux Blanc.

A Borgonha é também uma das principais regiões produtoras da França, tanto em volume como em qualidade, como o Pinot Noir de Chambertin e o Chardonnay de Chablis e Montrachet. Mas, diferentemente de Bordeaux, o predomínio aqui é de pequenas propriedades, o que implica executar uma boa pesquisa antes de adquirir determinada garrafa. As classificações aqui são pela denominação *Cru* e estão vinculadas ao vinhedo tão somente ou ainda às comunas locais. O *Grand Cru* (de máxima qualidade) vinculado apenas ao vinhedo, a *Premier Cru* vinculada ao vinhedo e vilarejo, a *Appelattion Communale* vinculada apenas à comuna ou distrito e a *Appelattion Régionales* vinculada a todo o território da Borgonha (obviamente um controle menos efetivo). É uma região que devido a questões climáticas instáveis exige um esforço maior do viticultor na condução da evolução do parreiral.

É atravessado pelo rio Saône e em suas planícies e encostas das colinas que o rodeiam é que se encontram os vinhedos e *châteaux*. As principais regiões são a Chablis, Côte d'Or, Haute Côtes, Mâconnais, Côte Chalonnaise e a badalada Beaujolais.

A Champagne, só pelo nome já expressa a sua fama, pois é desse território que saem maravilhosos vinhos espumantes, que por sua excelente qualidade e notoriedade, acabaram fazendo com que a região virasse o pseudônimo de uma bebida. Ou seja, um vinho espumante que no mundo inteiro ganhou o nome de Champagne. Tal situação acabou gerando conflitos comerciais internacionais, pois outros países produtores de vinho se adonaram do nome para rotular seus espumantes, o que teve um fim quando da efetiva delimitação da região em 1927 por um decreto do *Institut National des Appellations d'Origine* do governo francês e que virou um direito internacional. Desde esse momento, então, apenas os produtores que se localizam dentro da região podem utilizar a palavra *champagne* no rótulo da garrafa. Inclusive na França, fora da região, os outros produtores franceses utilizam a denominação *Crémant*.

As sub-regiões de Champagne são: Reims, Marne, Côte de Banc, Aube e Côte de Sézanne. As uvas utilizadas e permitidas são a Chardonnay, Pinot Noir e Pinot Meunier. Fazendo uso dessas uvas e determinadas regras de vinificação, se utilizam as seguintes rotulagens: *Blanc de Blancs, Blanc de Noirs, Brut, Extra-Brut, Demi-Sec,*

Doux, Grand Cru, Brut Sans Millésimé, Millésimé e *Prestige Cuvée.* Obviamente cada uma delas expressa um grau de qualidade e característica organoléptica.

Videiras típicas de Chablis

Solo padrão em Chablis

ITÁLIA

A Itália é um país diferenciado, pois praticamente o território inteiro é produtor vitícola e de vinhos. Centenas de produtores se espalham do norte ao sul do país produzindo vinhos de excepcional qualidade – e também vinhos medíocres. É o país dos contrastes. Conforme dados da mesma Organização Internacional do Vinho, em 2018, a Itália se posicionava como a líder mundial em produção de vinhos, com volume de 54,8 milhões de hectolitros.

Como o mapa acima demonstra, são várias as regiões produtoras, e como tal, é difícil afirmar de onde vêm as melhores entre tantas. Levando em consideração os fatores terroir e clima, se observa a existência de três grandes blocos: o norte, centro e sul. Usando desta lógica entendo que no norte os vinhos das regiões da Vêneto e Piemonte se destacam. No centro, sem dúvida, a Toscana e Úmbria ganham destaque. Ao sul, a Sicília, Sardenha e a Campânia, com sua retomada na busca de vinhos à base de uvas autóctones, se destacam de maneira bem forte.

Apesar da dificuldade em definir qual a melhor região, o que é comum a todos é que são vinhos com forte personalidade, pois de maneira geral são vinhos com estrutura, complexos e com predomínio de aromas secundários e terciários. Você pode beber um vinho italiano de olhos fechados, que logo o identificará.

Nesse país o fator terroir é preponderante na geração de grandes vinhos, tendo em vista sua ampla geodiversidade (rochas vulcânicas, graníticas, sedimentares e metamórficas), múltiplos solos, microclimas e forma de relevos (montanhas entremeadas a planícies). Somando todos esses fatores, propicia que os enólogos tenham a possibilidade ímpar de trabalhar em suas adegas para produzirem vinhos referenciais.

Paisagem típica de Barolo

Solo padrão de Chianti

Paisagem típica ao redor de Montalcino

PORTUGAL

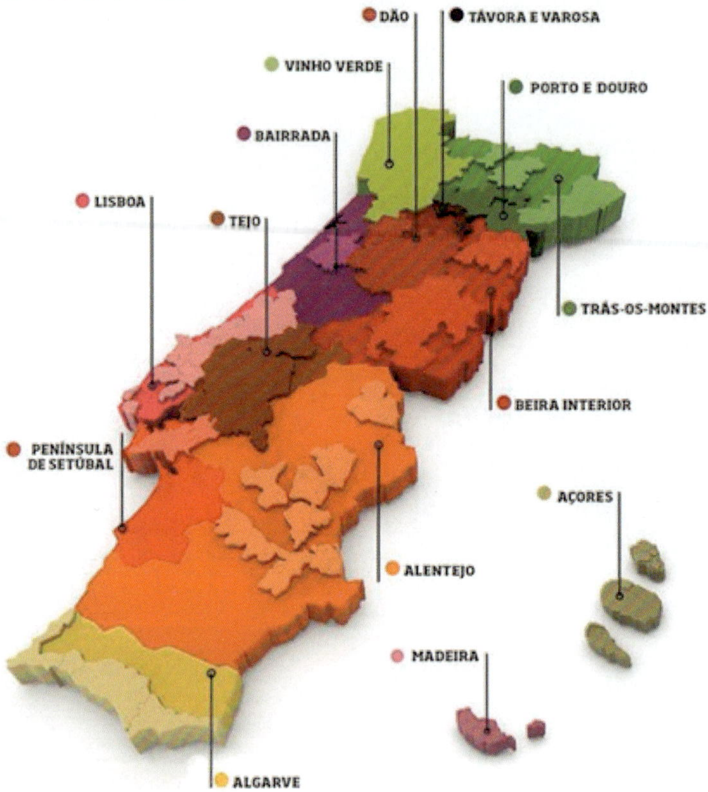

Apesar de ser um país pequeno em termos territoriais, é também um espaço com uma grande geodiversidade, microclimas diferentes entre norte e sul, e relevo de contrastes entre colinas e planícies. Junto com a Itália, Portugal é o país com a maior quantidade de uvas autóctones, e desta forma produz vinhos excepcionais e inusitados, propiciando uma grata surpresa ao consumidor. Os números da OIV para 2018 apontam uma produção de 6,1 milhões de hectolitros de vinho, ocupando assim a 12ª colocação mundial. Temos que entender que o tamanho do território inibe maiores plantios de vinhas.

Num primeiro momento, os vinhos mais conhecidos em termos de mercado internacional são os licorosos do Porto, da região do Douro, e este se consolidou por alguns séculos como o principal produto de exportação do país. Vinho muito admirado por muitos povos ao longo do século 18, principalmente pelos britânicos, e foi peça importante para a criação da primeira delimitação geográfica vitícola no mundo. Até a metade do século 18 esses vinhos tinham uma altíssima demanda de consumo, o que propiciou a queda de preços e a intensificação de falsificações e produção de baixa qualidade. Para eliminar tal cenário, o governo português, por meio da Companhia Geral da Agricultura do Alto Douro, gerenciado pelo Marquês de Pombal, estipulou regras e delimitou o espaço geográfico do Douro como área controlada, isso em 1752. Foi um marco referencial utilizado e copiado até o período atual.

As definições de qualidade hoje são: DOC (Denominação de Origem Controlada) com regras de produção e área delimitada; IPR (Indicação de Proveniência Regulamentada) com regras para a origem do produto; VR (Vinho regional), se podem misturar uvas de origem internacional, e Vinhos de Mesa, o que implica vinhos de menor qualidade.

Na região norte as regiões de destaque são o Minho (Vinho Verde) e o Douro. Na parte central as regiões do Dão, Bairrada, Estremadura e Ribatejo marcam presença na qualidade e volumes altos de produção. No sul, o Alentejo se destaca junto com o Algarve. É um país que possui 250 tipos de uvas autóctones diferentes, o que torna a tarefa de um iniciante do mundo dos vinhos difícil quando da degustação de alguns deles – e memorizá-los ainda! De qualquer forma, os varietais de maior escala de produção são a Touriga Nacional, Tinta Cão, Baga, Tinta Roriz e Trincadeira nas tintas. Nas brancas as principais são Arinto, Bical, Fernão Pires, Encruzado e Alvarinho.

Paisagem típica do Douro

ESPANHA

A Espanha possui um povo com forte personalidade forjada ao longo das dezenas de séculos por meio de diferentes governos e invasões de culturas distintas, vivendo sobre uma base geográfica heterogênea e de climas que vão do árido extremo a planícies e montanhas verdes e úmidas. Esse perfil todo se espelha nos vinhos. Somando esse cenário mais a geodiversidade do espaço territorial, foi possível estabelecer regiões vitícolas produtoras que geram vinhos excepcionais, de grande valor de mercado e com volumes elevados, pois a Espanha ocupa a terceira colocação na produção mundial, com 44,4 milhões de hectolitros para o ano de 2018.

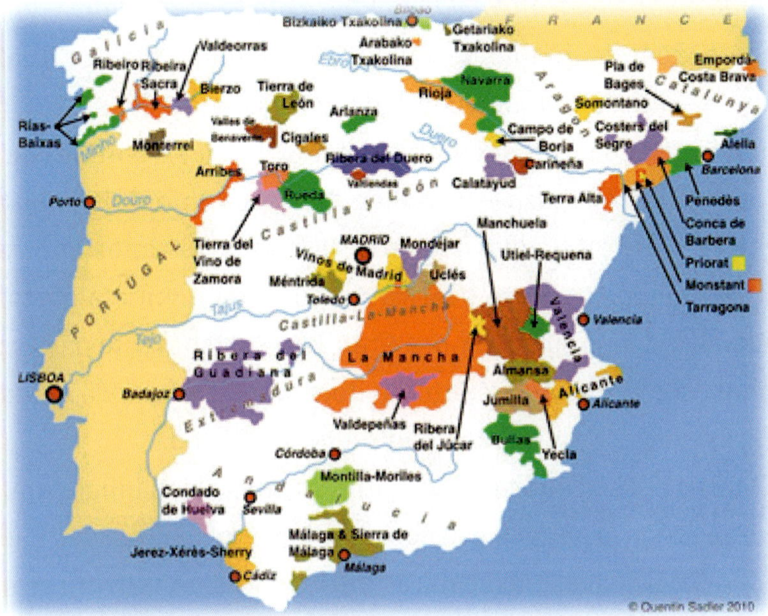

Em termos mercadológicos mundiais, os vinhos tintos da La Rioja e Ribeira del Duero, além das espumantes Cava na Catalunha, e por fim, o licoroso Xerez da Andaluzia, são lembrados de imediato ao consumidor externo. Realmente, dessas regiões saem vinhos fantásticos feitos principalmente com uvas do tipo Tempranillo, Graciano e Garnache para as tintas, e Albariño, Maccabeo, Xarel-lo e Airen para as brancas.

Em quase todo o país existe produção vitícola, mas as que ganham destaque são a Catalunha com suas microrregiões (Priorat, Penedés, Tarragona e Monstant), Castela-La Mancha, Navarra, Alicante, Ribeira del Duero, La Rioja, Málaga e Xerez. A classificação dos vinhos é feita utilizando as seguintes denominações: *DOCa - Denominación de Origen Calificada; DO Pago - Denominación de Origen Pago; DO - Denominación de Origen; VCIG – Vino de Calidad com Indicación Geográfica; VdlT – Vino de la Tierra; e Vdm – Vino de Mesa.* A ordem de qualidade vai de DOCa como a melhor qualidade para a Vdm de menor qualidade. Para a rotulagem dos vinhos também se utilizam os seguintes termos: *Joven* – vendido um ano após a colheita; *Crianza* – envelhecido no mínimo dois anos após a colheita; *Reserva* – envelhecido no mínimo três anos após a colheita (ao menos dois em barrica de carvalho e um em garrafa) e comercializado no quarto ano; e *Gran Reserva,* somente para safras perfeitas, com envelhecimento de dois anos em barrica de carvalho e três em garrafa, sendo vendido no sexto ano.

Dentro desse cenário posso afirmar que a Espanha é um país onde é necessário pegar a estrada e conhecer o máximo das enorregiões, pois é possível encontrar ótimas surpresas tanto em grandes vinícolas como nas artesanais. É um país que me encanta e sempre que posso retorno em busca de novas descobertas. Resumindo, a Espanha é para os(as) *indiana jones* dos vinhos!

ALEMANHA

A primeira imagem que vem a nossa mente quando dos vinhos alemães são os vinhos brancos, em especial o Riesling! Na memória do consumidor ficou esse estigma, que atualmente os produtores locais tentam demover aos poucos. A condição para tal cenário está fortemente ligada aos aspectos do clima (mais temperado e menos horas de sol) e ao relevo com montanhas e morrotes entremeados por estreitas planícies. A história da produção vitícola sempre trilhou por esse cenário, com a produção de vinhos muito bons mas com baixa escala em termos de volume; observado no ano de 2018, quando a Alemanha produziu 9,8 milhões de hectoli-

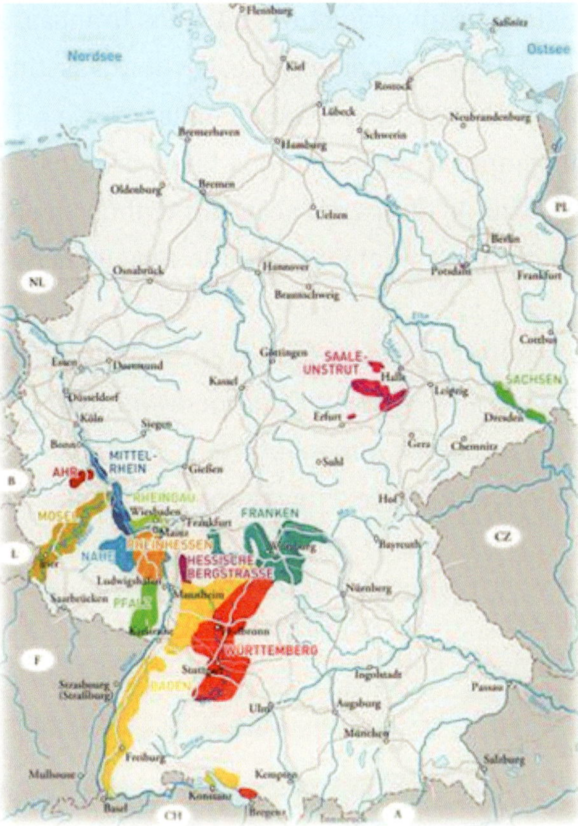

tros, se posicionando como o 8º no ranking mundial. Para um país com um vasto território geopolítico, até se poderia esperar mais.

A quase totalidade da produção vitivinícola está concentrada nas regiões sul-sudoeste, salvo duas pequenas regiões no leste. Tendo em vista essa concentração é possível dizer que todas as regiões produzem ótimos vinhos, podendo ocorrer diferenças mais pela proposta de um produto desenvolvido por um enólogo com vistas a atingir um nicho de mercado do que pelo contexto do terroir em si. De qualquer forma destaco aqui as regiões de Mosel, Francônia, Rheingau, Baden e Palatinado.

As principais uvas ali produzidas são, nas brancas, a Riesling, Sylvaner, Müller-Thurgau, Scheurebe e Kerner. Nas tintas o destaque vai para Spätburgunder, Blauer Portugieser e a Dornfelder. Numa visão mais ampla, geram vinhos leves, frescos, aromáticos com média intensidade tânica, ou seja, são vinhos fáceis de beber. É bem ao gosto do povo alemão, visto que a maioria da produção fica dentro do país.

A qualificação dos vinhos é feita com base na quantidade de açúcar no mosto da uva : *QmP – Qualitätswein mit Prädikat; QbA – Qualitätswein Bestimmer Anbaugebeite e Landwien e Tafelwien.* Sendo que a melhor é a *QmP* e a de menor qualidade a *Tafelwein.*

ESTADOS UNIDOS

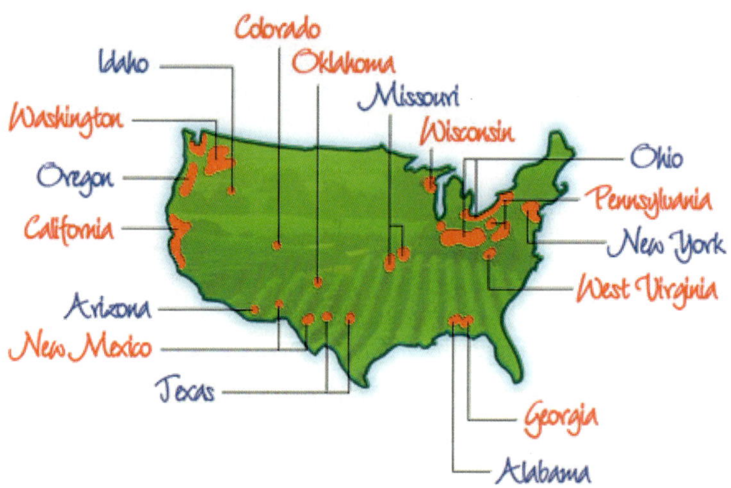

Na terra dos *cowboys,* o pragmatismo, a busca pela qualidade e fins terapêuticos acabaram norteando o setor vitivinícola do país. Eu falo do pragmatismo porque desde o começo do desenvolvimento do setor o interesse do produtor sempre foi disponibilizar um vinho de qualidade de maneira mais objetiva e rápida, sem regramentos demais. Ao longo dos anos a coisa toda foi se consolidando e algumas normas que eles criaram acabaram por se replicar em outras partes do mundo, como a ideia de colocar o tipo de varietal no rótulo (coisa que até então era de pouco uso na Europa). Ao mesmo tempo, a busca pela qualidade foi um norte, pois o que se queria era produzir vinhos tão bons ou melhores que a França, que até então era o referencial do mercado internacional.

De antemão, o processo todo evolui com a lógica de testes de plantio sem muito regramento, o que implicou vários projetos fracassados. Enfim, dentre os vários testes executados no país, foi na região de Napa Valley e Sonoma, no estado da Califórnia, principalmente com o advento da chegada de colonos franceses, húngaros e alemães no período entre 1830 e 1860, que finalmente o setor fincou pé. Próximos a esses, os estados de Oregon e Washington também se consolidaram como ótimas regiões. Atualmente, praticamente todos os estados do EUA possuem produção vitícola, com mais intensidade nos estados a leste do país. Tal cenário propiciou que a produção anual no ano de 2018 ficasse em 23,9 milhões de hectolitros, ocupando a 4ª posição no ranking mundial.

De maneira geral, é um país que está aberto a experimentações, tanto que se faz uso de varietais diversos, mas com destaque ao Pinot Noir, Cabernet Sauvignon, Zinfandel, Concord, Merlot e Syrah. Nas brancas os destaques ficam para o Chardonnay, Sauvignon Blanc, Gewürztraminer, Riesling e Niagara.

Aliás, o varietal Chardonnay foi motivo de uma situação que literalmente mudou o rumo da história do mercado de vinhos no mundo. Como citei acima, sempre existiu por parte dos produtores vitivinícolas locais a necessidade de buscar a qualidade de seus produtos, para superar os franceses. Pois um cidadão britânico dono de uma loja de vinhos chamado Steven Spurrier organizou em maio de 1976, em Paris, uma competição de degustação de vinhos entre rótulos franceses e dos EUA. A motivação foi a necessidade de incrementar seus negócios, e, estimulado por interessados, selecionou rótulos franceses e norte-americanos (que já tinham fama no mercado consumidor). Em sua ida aos EUA trouxe rótulos escolhidos pessoalmente por ele para o evento. O resultado literalmente mudou o rumo da história da produção dos vinhos no mundo, pois a competição foi vencida nas uvas brancas por um Chardonnay safra 1973 do Château Montelena da Califórnia, e nas tintas um Cabernet Sauvignon safra 1972 da Stag's Leap Wine Cellars, também de lá. Apesar da incredulidade dos franceses, o que aconteceu ali fez com que os vinhos do novo mundo finalmente ocupassem o seu lugar ao sol no mercado mundial.

CHILE

Falando em vinhos do novo mundo, se tem um país que surfou bem nessa onda foi o Chile, e aliás ainda dela desfruta nos retornos comerciais. Desde a década de 80 o país se destaca no continente sul-americano como grande produtor e exportador de vinhos, tendo, no ano de 2018, alcançado um volume de 12,9 milhões de hectolitros e ocupando a posição de sexto maior produtor do mundo.

Literalmente, é um país de contrastes nos aspectos que envolvem as enorregiões, principalmente por sua ampla geodiversidade, os variados pontos de microclima, a enorme diversidade do relevo (Cordilheira dos Andes) e, com tudo isso, os inúmeros

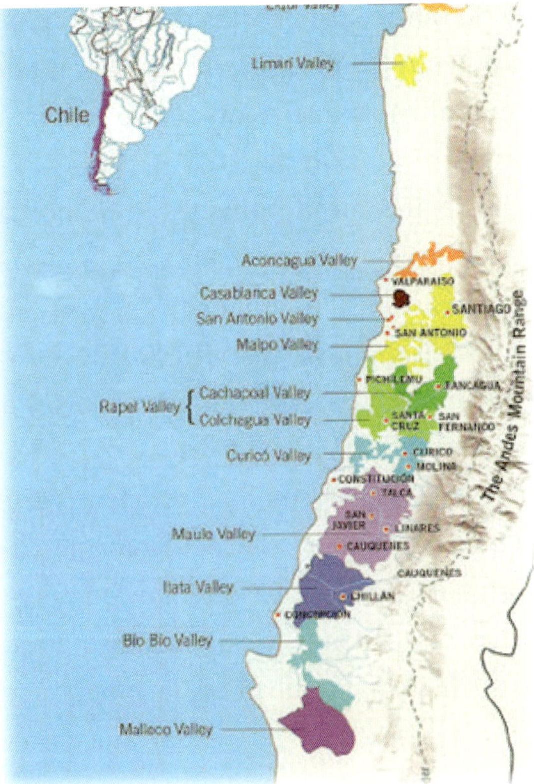

compartimentos de solos. Essa configuração ajudou a que o Chile tenha sido o único país no mundo a não ter seus parreirais atingidos pela praga da *phylloxera* na metade do século 19 (por volta de 1863). Ou seja, é um território com inúmeras possibilidades de desenvolver projetos vitivinícolas. E assim o é, pois os produtores apresentam a cada ano novidades que deixam os consumidores ao redor do mundo muito entusiasmados!

Tendo em vista o formato do território geopolítico do Chile ser uma linha estreita com direção norte-sul, em que de um lado está o Oceano Pacífico e de outro as montanhas da Cordilheira dos Andes, toda a produção vitivinícola se posiciona nessa orientação.

O cultivo se dá tanto nas encostas das montanhas da pré-cordilheira como ainda nas planícies e vales próximos ao litoral. Neste cenário tenho que afirmar que o impacto paisagístico é intenso, pois é deslumbrante!

As principais regiões produtoras estão na porção central do país, com destaque a Colchagua, Casablanca, Maipô, Cachapoal e Aconcágua. Em direção ao sul também destacamos Maule, Bio Bio, Itata e Maleco. Mas tais delimitações têm sofrido alterações ao longo dos anos, tendo em vista as constantes pesquisas que os órgãos do governo e produtores têm desenvolvido.

Os produtores trabalham com os principais varietais existentes no mercado mundial, como Cabernet Sauvignon, Merlot, Syrah, Pinot Noir e Carignan. Nas brancas, a Chardonnay e a Sauvignon Blanc se destacam em proeminência. Mas existem dois varietais que espelham o perfil do país, que são o Carménère e a Pais (autóctone), a primeira em destaque, pois é exportada para vários países, sendo muito admirada por consumidores mundo afora.

Vinícola na região do Vale Colchagua

Parreirais com cem anos de vida, no Vale Colchagua

Planície típica do Vale Colchagua

ARGENTINA

Junto com o Chile, a Argentina foi o país que muito usufruiu do posicionamento do conceito de vinhos do novo mundo após o final da década de 70. Grandes produtoras e famílias tradicionais instalaram empreendimentos vitivinícolas na região de Mendoza (hoje principal polo produtivo). Tendo em vista as características muito específicas do terroir na região, foi possível consolidar uma elevada escala de produção em volumes e qualidade, sendo que, no ano de 2018, alcançou a meta de 14,5 milhões de hectolitros e se consolidou na quinta posição no ranking mundial.

A produção vitivinícola na Argentina remonta com maior intensidade ao século 19, com influência dos colonizadores italianos que chegaram naquele período. Tendo em vista a estratégia do governo da época de ocupar os espaços territoriais, Mendoza foi um ponto estratégico, visto também o fato de que o canal de acesso ao Chile e Oceano Pacífico se dava justamente naquele trecho da Cordilheira dos Andes. A conjugação de fatos propiciou a consolidação do setor vitivinícola na região, sendo que nos primórdios a produção estava mais voltada aos vinhos mais rústicos, oriunda das uvas Criolla (autóctone ou enxertada), Pedro Giménez, País, Torrontés Argentino, Cereza e Criolla Grande.

Mas não se pode falar em vinhos na Argentina sem levar em consideração Nicolás Catena, tendo em vista que ele, por volta do começo da década de 80, foi o principal ator na implantação dos vinhos de qualidade no país, propiciando o grande salto de qualidade dos vinhos na região. Hoje a Bodega Catena Zapata é referencial no mercado produtivo.

Tendo em vista a estratégia de mercado atual de exportação de boa parte da produção, observa-se que se faz uso constante de uvas comuns ao mercado internacional, como a Cabernet Sauvignon, Merlot, Pinot Noir, Syrah e Malbec. Aliás, a cepa Malbec é referencial do país, sendo reconhecida mundo afora por sua excelente qualidade na produção de vinhos. Nas brancas, os varietais de destaque são a Chardonnay, Sauvignon Blanc, Pedro Gimenez e Torrontês.

A região de Mendoza concentra as unidades produtivas, saindo dali 70% da produção do país. No entorno, existem outros locais importantes, como o Vale do Uco, Maipú, Luján de Cuyo.

São regiões que têm como característica comum a aridez desértica, a elevada amplitude térmica e o relevo ser conformado por extensas planícies bordeadas por colinas e, em algumas unidades, por montanhas da pré-cordilheira. Todas essas regiões estão em posição elevada de superfície, com altitudes que vão de 800 a 1.700 metros. Ainda, destaque para San Juan (a segunda maior produtora), Salta (com seus vinhos de altitude) e San Rafael, mais ao sul.

A região patagônica também se destaca, principalmente a partir da década de 90. A aridez das estepes e a agressividade climática são a marca da região. Duas regiões se destacam: Rio Negro e Chubut (este com o parreiral mais meridional da América, pertencente à Bodega Nant y Fall, na cidade de Trevelin). Em Neuquén se concentram as principais vinícolas, com destaque à de Humberto Canale, que foi o precursor na região.

Paisagem típica dos parreirais pré-cordilheiros

URUGUAI

Apesar de ser um país pequeno em termos de território geopolítico, o Uruguai consegue surpreender em termos da qualidade dos vinhos ali produzidos. Possui uma história recente em termos de vitivinicultura, apesar de que a entrada para o setor tenha se dado com o auxílio dos colonizadores espanhóis no final do século 19. Seu forte é o setor agropecuário. Mesmo com o espaço reduzido produziu, no ano de 2018, um volume de 0,9 milhão de hectolitros.

Até o começo do século 21 a produção estava voltada para o mercado interno, principalmente com os vinhos de mesa. A chegada de investidores externos e, ainda, o incremento de ações dos produtores e governo no que trata de uso de tecnologia desencadearam uma ampliação e qualificação produtiva, obtendo ganhos em nichos no mercado internacional.

O foco da produção está na região sul próximo a Montevidéu, nas regiões de Canelones, Colonia, Florida e San José. No norte do país as regiões de Rivera e Artigas são os referenciais. O que é comum a todas as regiões é a questão do relevo, onde planícies e pequenas coxilhas predominam. Isso implica uma homogeneidade climática e térmica. O terroir varia de região para região, sendo que na parte sul predominam rochas graníticas e os solos oriundos dessas, e no norte rochas sedimentares e os solos arenosos.

A uva Tannat ocupa grande parte da produção nacional, sendo o varietal emblemático do país, e expressa o seu melhor potencial na região Sul. Seguem ainda o cultivo da Merlot, Cabernet Sauvignon, Cabernet Franc e Syrah. Nas brancas, destaque para a Chardonnay, Sauvignon Blanc, Riesling e Viognier.

BRASIL

Neste país de dimensões continentais, o que se poderia esperar seria uma infinidade de regiões potenciais para o desenvolvimento do setor vitivinícola. No entanto não é o que existe, pois a produção se concentra no sul do território geopolítico. Mas mesmo com este cenário, a produção é significativa, tendo em vista que para o ano de 2018 foram produzidos 3,1 milhões de hectolitros de vinho, o que colocou o Brasil como 15º lugar no ranking mundial.

É um país de contrastes em todos os aspectos, tendo uma enorme geodiversidade, diferenciações climáticas e microclimáticas e múltiplas compartimentações de solo. Isso tudo confirma que existem vários terroirs com alto potencial para serem desenvolvidos, que ainda não estão sendo explorados.

Atualmente a região Sul do país, compreendida pelos estados do Paraná, Santa Catarina e Rio Grande do Sul, é a expoente produtiva. No Paraná, o destaque é dado ao "anel" produtivo no entorno de Curitiba. Em Santa Catarina, a concentração fica na Serra, com produção no entorno de São Joaquim, além da região do sopé da Serra, no entorno da cidade de Urussanga. No Rio Grande do Sul, berço da vitivinicultura do país, a região da Serra com os polos de Bento Gonçalves e Caxias do Sul sustenta a maior parte da produção. Mas as novas regiões da Serra do Sudeste, no município de Encruzilhada do Sul, e a região da Campanha (num eixo entre Pinheiro Machado, passando por Sant'Ana do Livramento e findando em Itaqui) são polos em evolução crescente de produção e qualidade.

Hoje, o país tem regiões que estão em constante evolução de produção, com destaque para o Vale do São Francisco na Bahia, a região da Serra da Canastra e sudeste de Minas Gerais e o norte do estado de São Paulo, que conseguem, a cada ano, apresentar produtos de excelente qualidade.

O caminho é longo mas o Brasil tem plenas condições de consolidar dezenas de novas enorregiões no território geopolítico. Esperamos que aconteça, pois será ótimo para todo mundo!

AUSTRÁLIA

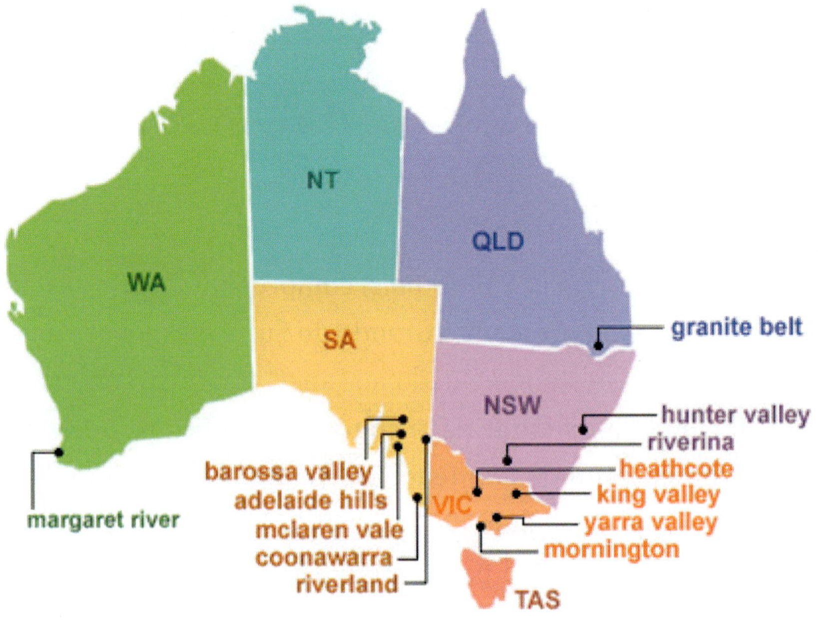

A Austrália faz parte do grupo do novo mundo para os vinhos, e como tal tem apresentado aos consumidores excelentes produtos, que vêm evoluindo a cada safra que passa. Para nós, consumidores ocidentais, é difícil o acesso aos produtos do país, principalmente pelo fator de logística e custo de chegada à prateleira e ao consumidor. Mas, na Ásia o consumidor conhece bem esses produtos, pois é para essa região que é despachada a maior parte da produção, a qual, no ano de 2018, alcançou 12,9 milhões de hectolitros, colocando o país na sétima colocação do ranking mundial.

Apesar de sua dimensão continental, as regiões produtoras na Austrália se concentram basicamente no setor sudeste do território, e em uma proporção menor, na região Sudoeste. Os destaques cabem às regiões de Hunter Valley, Mudge, Riverina, Barrosa Valley, Yarra Valley, Margaret River, MacLaren Valley, Rutherglen e Coonawara, pois essas, além do aspecto produtivo, também estão envoltas com os fatores históricos que ali aconteceram, em especial o impulso que foi dado ao setor por empreendedores locais.

O setor vitivinícola do país assumiu a camiseta do novo mundo e hoje produz vinhos excepcionais com características de serem frutados, concentrados e aromáticos no espectro geral, mas também nas safras especiais com vinhos complexos e estruturados. Dessa forma, disponibilizam ao consumidor um leque de vinhos que vão de jovens de alta categoria e estilo a vinhos envelhecidos complexos e únicos, prontos para muitos anos de guarda.

Em termos de cepas de uvas, o destaque vai para as tradicionais Cabernet Sauvignon, Merlot, Grenache, Mourvèdre e a emblemática Syrah, que atualmente espelha o perfil vitícola do país. Ou seja, falou em Austrália, falou em Syrah. Nas brancas, o destaque cabe a Chardonnay, Sultanina, Sémillon e Sauvignon Blanc.

NOVA ZELÂNDIA

O contexto histórico da viticultura da Nova Zelândia não difere muito da Austrália, pois por aqui o impulso maior foi dado nos últimos 20 anos e se deu muito em decorrência do uso massivo de tecnologia em toda a linha produtiva do setor, desde o plantio até a embalagem final.

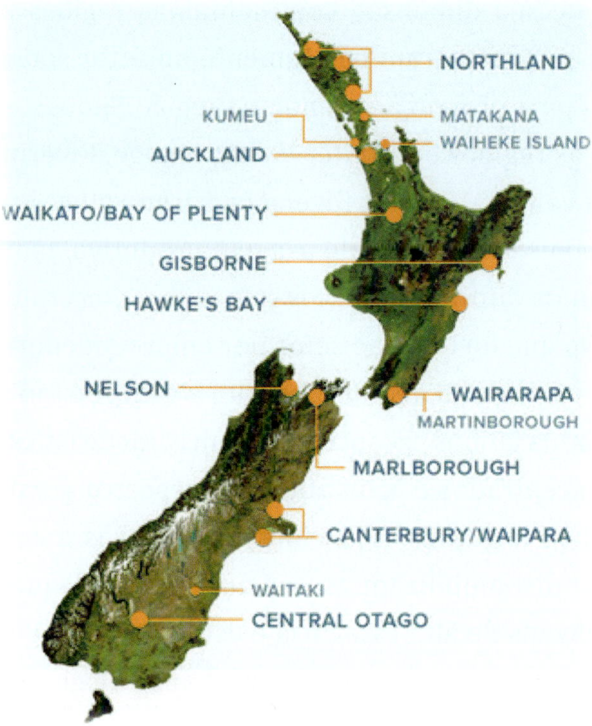

É um país que hoje apresenta vinhos ao mundo com uma qualidade respeitável, e como tal, o consumo aumenta a cada ano. No ano de 2018 a Nova Zelândia produziu 3,0 milhões de hectolitros e se posicionou em 16º lugar no ranking mundial. Levando em conta o tamanho do território, se pode afirmar que é um bom volume.

Apesar de ter um território geopolítico pequeno, o país consegue ter um gradiente climático muito diferenciado, passando de subtropical no norte a temperado ao sul, ou seja, com climas amenos no norte e invernos gélidos no sul. Tal condição se explica pela posição geográfica em que o país se encontra, entre as latitudes 35º a 47º, o que implica uma forte influência dos ventos oriundos da Antártida e pelo núcleo dos ventos alísios. A condição do relevo ajuda nisso também, vista a relação muito abrupta entre montanhas com as planícies litorâneas.

Esse cenário influencia na distribuição das enorregiões do país, as quais se localizam por quase todo o território. Encontrase uma ampla geodiversidade, com rochas graníticas/vulcânicas, metamórfica e sedimentares, o que implica uma riqueza de terroir enorme. Obviamente isso também traz junto uma ampla compartimentação de solos. Dessa forma, as regiões de destaque são Malborough, Nelson, Canterbury, Centra Otago, Auckland, Gisborne, Hawkes Bay, Wairarapa. Todas produzindo excelentes produtos e que agradam muito fácil ao paladar do consumidor mais exigente.

De longe os varietais que refletem e espelham o país são o Sauvignon Blanc e o Pinot Noir. Produzem vinhos frescos, aromáticos e com personalidade. Também se cultiva a Merlot e Cabernet Sauvignon nas tintas, e nas brancas, Chardonnay, Riesling e Müller-Thurgau. Realmente, são produtos que merecem admiração.

ÁFRICA DO SUL

A África do Sul se apresenta com todos os elementos históricos que tratam tanto dos aspectos étinossociais como também da vitivinicultura. Como sabido de todos, a região no século XVIII era ponto de trânsito de embarcações entre a Europa e a Ásia, e desta forma, teve várias influências, tanto nos aspectos culturais como no mundo dos vinhos. O país possui uma estrutura produtiva bem eficiente que faz uso de tecnologias de ponta, desde a viticultura até o envase final. Isso contribui significativamentwe na produção total. No ano de 2018 a África do Sul produziu 9,5 milhões de hectolitros, alcançando assim a nona colocação no ranking mundial.

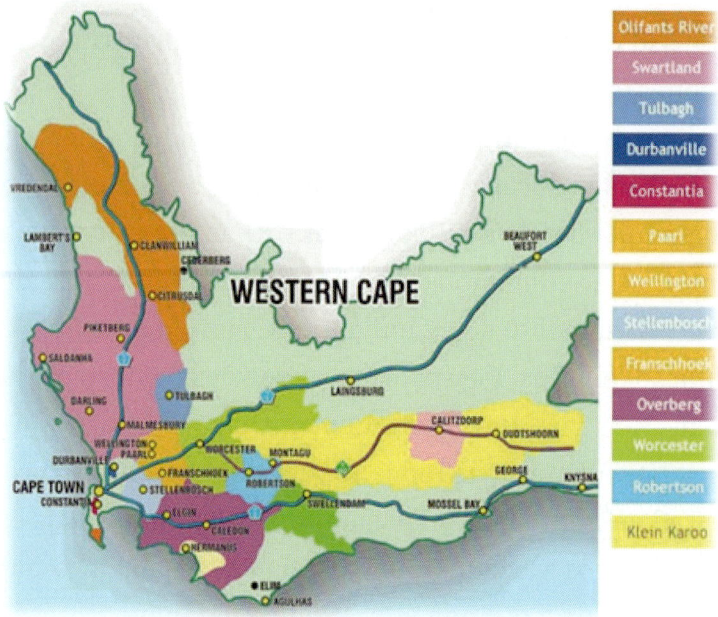

As regiões ocupam praticamente todo o espaço territorial do país, destacando-se as de Klein Karoo, Breede River, Cape South Coast, Olifants River, Norther Cape, Limpopo e Kwazulu-Natal. Ocorre uma significativa heterogeneidade de terroir, pois a geodiversidade é ampla, com rochas graníticas, metamórficas e sedimentares por todo o espaço geográfico, o que cria um relevo de múltiplos formatos, com montanhas entremeadas por colinas e planícies. Isso tudo implica compartimentações de solo muito heterogêneas. A condição climática é do tipo subtropical e é fortemente influenciada pela proximidade oceânica e pelo núcleo do eixo dos ventos alísios.

Os varietais de uva estão centrados na Pinotage, Cabernet Franc, Syrah, Merlot e Pinot Noir. Nas brancas, os destaques são Sauvignon Blanc, Chardonnay, Chenin Blanc, Cape Riesling e Muscat d'Alexandrie. A Pinotage e a Syrah refletem muito bem o perfil da produção sul-africana.

2

O TERROIR NA ESSÊNCIA
CONCEITOS TÉCNICOS

Cabe aqui tecer os conceitos técnicos que envolvem este fascinante mundo do terroir, no qual o homem com sua capacidade cognitiva conseguiu domá-lo e dali extrair a riqueza maior para a produção de grandes vinhos. O terroir é um compartimento físico que possui uma dinâmica pertencente ao ambiente do ciclo exógeno da terra (exógeno = tudo aquilo da natureza que ocorre na superfície do planeta), onde o *Homo Sapiens* usufrui dos resultados do que ali ocorre. Desta forma, o terroir é fator determinante para a delimitação de uma comunidade produtiva vitícola e, consequentemente, a consolidação de uma nova enorregião.

Cada videira capta e processa os elementos necessários para o desenvolvimento de sua espécie, e isso implica que cada varietal precisa estar no seu ambiente correto de terroir para o seu pleno desenvolvimento. Assim, devemos entender que *"a própria terra escolhe a cultura vitícola que melhor lhe convier, e não o contrário como estamos acostumados a fazer"* (Wilson, 1998). Regra número um!

Dessa forma, na configuração organoléptica de um vinho, se expressam os elementos químicos e bioquímicos captados do terroir em que as videiras estão sendo cultivados. Dentro desse contexto, o ambiente geológico da região propicia a formação de um tipo de solo que é configurado com elementos minerais, e consequentemente químicos, que fornecem nutrientes específicos para a videira.

Na rotina normal, a planta desenvolve um sistema radicular (raízes) que evolui conforme a necessidade de suprir suas carências nutritivas. Esse processo de assimilação do que existe no substrato cria um *start* bioquímico dentro da *vitis* que libera e formata a estrutura da característica organoléptica futura do vinho. Ou seja, traz o DNA do substrato do local com toda a cartela de elementos químicos existentes desde a rocha até a fruta; numa espécie de "estrada químico-orgânica" do processo de simbiose da planta. Isso implica que cada varietal precisa estar no seu ambiente de terroir correto para o seu pleno desenvolvimento.

O sustentáculo fundamental do terroir, onde os elementos físicos e biológicos delimitam uma enorregião, têm como base: a) a geologia – que configura o relevo (geomorfologia), a inclinação e densidade da drenagem hídrica, e ainda, o perfil geoquímico que originará o solo; b) o solo – originado da rocha mãe (parental), que se distribui de maneira diferente em compartimentos do relevo (os micronutrientes orgânicos e físicos); e c) o clima – que possui um comportamento macrorregional mas que gera microclimas conforme o formato do relevo, influenciando fortemente na disponibilidade ou indisponibilidade dos recursos hídricos, e nas variações térmicas da região. A ação humana que controla o desenvolvimento linear do varietal conforme as condicionantes físicas do local é a pincelada final da consolidação e funcionamento do terroir.

Essa geodinâmica consolida uma reação que disponibiliza ao sistema físico do local elementos químicos que determinada videira precisa, com maior ou menor intensidade de assimilação conforme o tipo varietal. Num ambiente de substrato de rochas calcárias dolomíticas (p.ex.) é ação normal a liberação de carbonato de cálcio e magnésio no perfil do solo, e com isto a raiz da videira assimila para seu sistema esse conjunto mineral. Tal situação propicia que o vinho ganhe notas de mineralidade e lhe dê mais estrutura, independentemente do clone utilizado. Em algumas situações é possível identificar as relações inversas entre elementos livres comuns conhecidos (Na, Ca, K) e a (p.ex.) mineralidade de um determinado vinho (Parr et al., 2016), ou seja, intensificam ou não algum elemento organoléptico.

Dessa forma, se verifica toda uma série de ações geo e biodinâmicas ocorrendo ao longo do perfil. Na medida em que se configura um determinado compartimento físico, este gera tipos de solo específicos conforme o grau de desenvolvimento ocorrido no local, com maior ou menor presença de argilas, areias, clastos de rocha e cristais minerais, o que lhes dá um caráter de solo mais pobre ou mais rico de nutrientes, posicionados ao longo das diferentes zonas de alteração intempérica (Meunier, et al. 2016). A dinâmica de tudo isso se vincula muito ainda aos fatores hídricos do substrato, com uma intensidade variável de lixiviação e instalação de "ninhos" de micronutrientes orgânicos. Esses tipos de fenômenos geram solos muito distintos com definições científicas (nomenclaturas) variadas, e essas são diferentes nos países e regiões do planeta. Assim, dessa forma, o que prevalece são as características físicas e orgânicas do solo, estas sim são universais.

Nesse contexto, cabe destacar que os fatores que configuram elementos organolépticos sensoriais de um determinado vinho passam por toda essa sequência, trazendo ao produto final o DNA do terroir local, ou seja; a estrutura, os aromas primários tanto em nariz como em boca, a longevidade e a fineza/rusticidade do produto.

Reforço que o destaque para esse processo é que todo esse sequenciamento propicia que ocorra um *"start bioquímico"* na planta, acionando os ácidos fólicos, flavonoides e outros que estabeleçam aromas e características organolépticas ao vinho; o que faz com que se disparem ações na estrutura da videira e que assim se forneça ao mosto da uva o DNA do terroir. Ou seja, existe um processo bioquímico na planta ainda pouco conhecido, pois é ele que faz o "link" do terroir com o vinho em si.

Esse cenário todo propicia que o entendimento da essência dos fatores formatadores do terroir deve ser colocado como pauta principal dos alicerces de um projeto vitícola. Tendo esse universo de informação à disposição faz com que se tenha noção mais clara do que realmente isto tudo significa, *"pois é no entendimento dos processos intempéricos combinados com a microescala da fisiografia (forma do terreno local) que se entende o terroir"* (Wilson, 1998).

Sobre esses alicerces ainda é que se configuram os processos gerenciais vitícolas em uma determinada região; fazendo uso de metodologias de pesquisa e investigação com vistas a eficiência e minimização de erros no projeto executivo. A identificação do melhor terroir é fundamental no sucesso do empreendimento, e a forma de encontrá-lo é ampla e com eficiências diferentes.

A forma de atuação quando da necessidade de investigação para a delimitação de um terroir deve ser pelo método científico, e listo abaixo a sequência para tanto: a) expectativa e interesse do tipo de produto que o investidor/viticultor almeja; b) predefinição da melhor enorregião; c) trabalho de campo investigativo fazendo uso de métodos geofísicos; d) trabalho de campo fazendo uso de sondagens e estudos geoquímicos; e) análises laboratoriais de solo e rocha; f) parecer final com definição do melhor varietal adaptado ao local.

É uma sequência exaustiva e de apurada precisão, mas funciona! Chile, Austrália, Nova Zelândia e EUA, para citar alguns, que o digam, pois fazem uso desses métodos em suas rotinas vitícolas. Apenas a título de uma visão básica, seguem figuras que ilustram tais procedimentos.

Gamaespectometria

Magnetometria

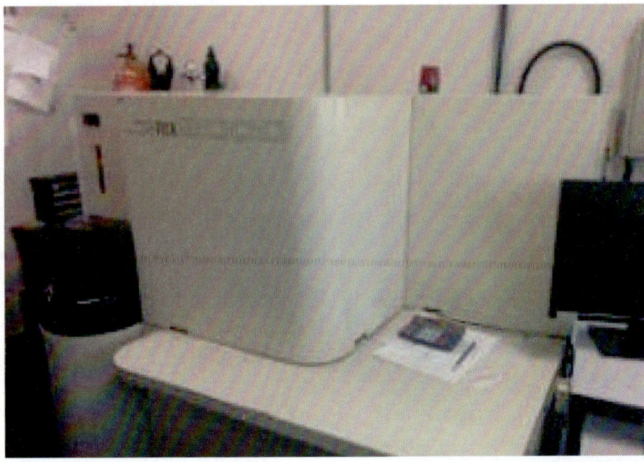

Análise laboratorial com difratômetro de raio X

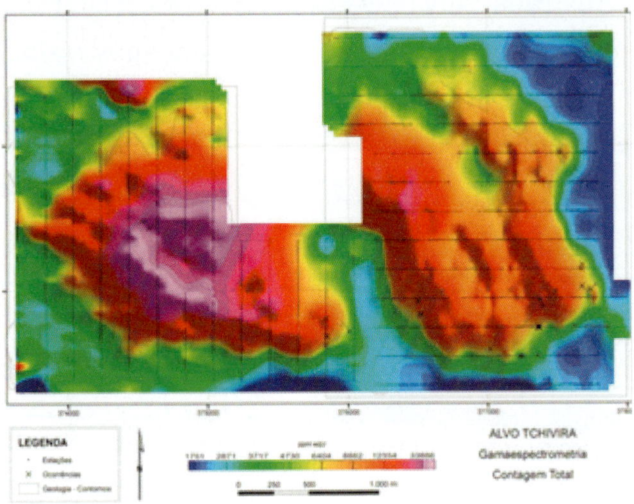

Equipamentos e métodos rotineiros utilizados a campo para delimitação de terroir. O mapa colorido demonstra presença de potássio sobre rochas graníticas em uma região no sul do Brasil (Rio Grande do Sul). Os bolsões mais rosados/lilás mostram a concentração desse elemento. Neste exemplo, podemos afirmar que seria uma ótima região (dentro do limite dos bolsões rosados/lilás) para o plantio de Sauvignon Blanc e Tannat, pois são varietais que reagem bem nesse tipo de ambiente, favorecendo a que a planta se desenvolva a pleno e disponibilizando uvas perfeitas e que produzirão excelentes vinhos.

Rochas – o coração e a alma do terroir

"...quando as aves falam com as pedras e as rãs com as águas – é de poesia que estão falando..." *(Manoel de Barros)*

O vinho em sua essência é um ser vivo, e como tal é originado de uma série de ações desencadeadas, convergidas e distribuídas por um espaço geográfico de nosso planeta, que também é um ser vivo. Dentro desse conceito, a possibilidade de obtenção de sucesso na produção de vinhos de alta qualidade implica entender essa dinâmica de vida.

Tudo isto pertence àquilo que se define como "geodiversidade", em que os fatores físicos, biológicos e antrópicos moldam e remoldam continuamente e ininterruptamente todo o sistema que formata esse ambiente, por séculos e milênios.

Mas sem complicar muito nossa conversa, pois não o queremos, devemos destacar alguns elementos dessa geodiversidade que serão mais interessantes para nós aqui neste capítulo, em especial, as rochas. Elas são o coração e a alma de tudo que acontece na parte acima delas. Ou seja, são a origem de tudo.

As rochas (e não pedra, pois esta é uma ojeriza para os geólogos mais ortodoxos) nada mais são do que o arranjo de uma série de minerais que em um belo momento de sua vida resolveram se juntar por questões de afinidades geoquímicas, formando um laço parental quase eterno. Esse laço parental vem desde o período em que eram "bebês" átomos em meio ao estado líquido do magma existente na profundezas da Terra e que, por uma série de reações físico-químicas, cresceram e se tornaram jovens e atléticos minerais. Quando já em forma de jovens minerais começou a acontecer de se encontrarem para "criar uma relação de afinidades", e na medida em que o magma ascendia à parte superior em direção à crosta e ali esfriando, essa relação se fortalecia e como tal criaram grupos de jovens "atletas minerais" dispostos a formarem "tribos" por afinidades, e depois que o magma esfriou, se formou a rocha com esses grupos específicos. Daí se originam os diferentes tipos de rochas que existem na crosta.

Claro que coloco aqui a explicação de uma maneira muito cênica e resumida, pois a formação de crosta foi e é um processo muito mais complexo, envolvendo uma infinidade de fatores. Mas creio que deu para entender.

Só que aí entram outras variáveis desse universo da geodiversidade, pois o exemplo que citei se refere às rochas originadas do magma, denominadas como rochas ígneas. Mas sempre tem as entrelinhas.

Nosso planeta com suas rochas é dividido em três grandes famílias: ígneas, metamórficas e sedimentares. Cada uma delas possui uma infinidade de tipos de rochas, as quais foram formadas por uma série de fatores físico-químicos muito complexos. Mas para facilitar a visão do cenário, a tabela abaixo mostra essa compartimentação.

PRINCIPAIS COMPARTIMENTOS LITOLÓGICOS E SEUS TIPOS COM NOMENCLATURAS POPULARES (BRASILEIRAS).			
ROCHAS			DEPÓSITOS SEDIMENTARES
Ígneas	***Metamórficas***	***Sedimentares***	
granito, riolito, basalto, anortosito, gabro, sienito	xisto, ardósia, gnaisse, quartzito, mármore, filito	arenito, grauvaca, gesso, calcário, dolomita, greda, folhelho, siltito, arcózia	aluvião, colúvio, depósito de cascalhos e seixos, turfa, planícies, morenas, varves

Fazendo um resumo da origem de cada família, podemos assim listar:

- *Ígneas*: origem no manto profundo da Terra, se formam do magma rapidamente ou muito lentamente;

- *Metamórfica:* rocha ou sedimento anterior (pretérito) transformado/metamorfizado em uma nova rocha

- *Sedimentares*: sedimentos soltos na superfície transformados posteriormente em rochas num processo muito lento

- *Depósitos sedimentares:* sedimentos soltos na superfície que podem também formar solos.

Bom, depois dessa explanação creio que deves pensar: “Saquei! Agora entendi tudo! O terroir que me espere, pois sei seus mistérios!". Não. Tem mais coisinhas. O que acontece é que quem quer entender o terroir em sua essência tem que se familiarizar com química, ou melhor, geoquímica. Não tem como escapar! Tudo gira envolta desse universo, em maior ou menor intensidade. Mas veja bem, não estou dizendo aqui que devem fazer um curso de faculdade, doutorado ou ser um Ph.D. em Geoquímica! Não, não. Tem que entender como funciona basicamente a coisa. Ponto!

Dessa forma, tendo como orientação a existência das três grandes famílias de rochas, sabe-se que em cada uma delas existe uma geodinâmica química muito intensa. Existem compartimentos geoquímicos que propiciam a formação de vários cenários litológicos e de formação de solos posteriormente. Tudo isso também está vinculado ainda àquilo que definimos como "taxa de mobilidade geoquímica" dos elementos, o que significa que cada elemento químico estará disponível em solo e plantas conforme essa taxa. A taxa de mobilidade geoquímica é dada pelo seu potencial iônico obtido pelo quociente de carga iônica e pelo raio iônico. Esse potencial iônico é fundamental na formação de minerais em rochas e solos, sendo que esses se alteram conforme a profundidade (superfície, meio e profundo). Esse comportamento de mobilidade altera muito conforme o Eh e pH do meio (Levinson, 1974) (Rose et al., 1979). Elementos com baixo potencial iônico tendem a permanecer em solução como simples cátions durante o processo de intemperismo. Os elementos com potencial iônico intermediário são menos móveis em virtude de sua facilidade em precipitar como hidróxidos e forte tendência à adsorção. Aqueles com potenciais iônicos mais elevados se combinam com o oxigênio e formam oxiânions que também tendem a ser solúveis.

Isso quer dizer que a planta da videira vai assimilar os elementos (nutrientes) que estão no substrato, pois eles estão ali à disposição conforme a taxa de mobilidade de cada elemento. Mas devemos levar em conta que cada grande família de rochas vai possuir uma configuração geoquímica, e desta forma consolidar uma série de tipos de rochas. O interessante de tudo é que a videira vai reagir na sua evolução conforme a assimilação desses nutrientes disponíveis, em maior ou menor intensidade. Dependendo do tipo de varietal, a coisa toda pode ficar numa situação muito boa ou se transformar num prejuízo enorme ao viticultor. Dessa forma, é interessante entender como cada nutriente físico influencia no comportamento da planta ao longo do seu processo de crescimento, e isso implica à necessidade de conhecimento do terroir em sua essência.

A tabela nas páginas seguintes lista as características de alguns desses nutrientes com relação à *vitis* e, possivelmente, as consequências de evolução que virão dos mesmos.

FUNÇÃO DOS NUTRIENTES NA VITIS E SUA PRINCIPAL ORIG

NUTRIENTE	FUNÇÃO REPRESENTATIVA
Ca	Favorece a permeabilidade das células; translocação de carboidratos que favorece a síntese de açúcares e aromáticos envolvido em enzimas, traz mineralidade ao vinho
K	Formação de buquê (aroma e fineza do vinho); estimula a síntese de aminoácidos; regulador da abertura e fechamento dos estômatos; controla processo de lignificação de raízes e sarmentos
P	Favorece floração, fixação, maturação e qualidade do fruto favorece o crescimento do ápice da raiz e do ramo; atua no transporte de energia; favorece crescimento celular
Mg	Favorece a absorção e transporte do Fe; facilita o transporte de carboidratos; neutraliza o ácido oxálico; desenvolve a síntese de proteínas, formação de buquê (aromas frutais)
Fe	Controla processo de lignificação de raízes e sarmentos ativa respiração e fotossíntese; formação de clorofila formação de buquê (aromas frutais)
N	Metabolismo de clorofila; atua no ácido nucleico; geraçã de aminoácidos; geração de compostos como pyrazina, que contribui na formação de aromaticidade
S	Desenvolve aminoácidos, clorofilização e proteínas; auxilia a desenvolver compostos para a defesa de patógenos
Zn	Catalisação, estruturação e funções regulatórias de enzimas proteínas, etc.
Mn	Auxilia na clorifilização; desenvolve uma gama de funções enzimáticas, formação de buquê como frutais
Cu	Desenvolvimento de enzimas e uma gama de funções enzimáticas
Mo	Desenvolvimento de proteínas e uma gama de funções enzimáticas
Bo	Fluidização de carboidratos e hormônios; crescimento celular
Cl	Desenvolve enzimas, regula balanço osmótico, auxilia na fotossíntese
Na	Inibição das reações enzimáticas e diminuição da turgescência da célula. Facilita absorção do K e Ca, ou reduz quando o Na é destaque (sistema em desequilíbrio). Influencia na mineralidade do vinho.

tado de Giovannini et.al (2013) & Maltman (2018))	
CONCENTRAÇÃO RMAL EM SOLO *(ppm)*	PRINCIPAL FONTE/ORIGEM
50-2000	Mudança catiônica com o húmus, argilas derivadas de Ca-feldspato, calcitas, rochas calcárias, etc.
75-100	Mudança catiônica com o húmus, argilas derivadas de K-feldspato, muscovita, rochas graníticas e metamórficas, etc.
20-50	Bactérias liberam H_2PO_4, HPO_4 e PO^3 de húmus. Rochas graníticas e metamórficas
100-250	Mudança catiônica com o húmus, argilo minerais derivados de minerais/rochas máficas, dolomitas, etc.
-20	Fe^2+ alterado com húmus, argilo minerais derivados de minerais/rochas máficas, óxidos ferrosos, etc.
sem referência	Bactérias no solo fixam amônia (NH_2) e nitratos (NO_3) do ar. Rochas metamórfica pelíticas
10-200	Bactérias desenvolvem SO_4 de húmus. Rochas sedimentares pelíticas carbonosas
-2	Mudança catiótica de Zn^3 com húmus; argilo minerais máficos. Rochas ultramáficas
-20	Mudança catiônica do Mn^2- com o húmus. Rocha sedimentar pelítica. Granitos máficos
-0,5 -10	Mudança catiônica do Cu+ e Cu_2 com o húmus. Rochas sedimentares e graníticas
-0,0004	Mudança de ânions MoO^4 com húmus. Rochas graníticas
0,2-12	Mudança de ânions BO^3 c/húmus. Rochas graníticas
sem referência	Cl do ar dissolvido em solo. Rocha sedimentar pelítica
sem referência	Intemperismo de rocha ígnea ou metamórfica

Para entendermos como está disponibilizado cada um desses nutrientes dentro dos tipos de rochas, é melhor que as destrinchemos, pois formarão os solos futuros.

Rochas Ígneas

Começamos com aquilo que podemos chamar de a mãe de todas as rochas, simplesmente pelo fato de que sua origem se dá no manto da Terra, saindo da fase líquida quando ainda estava em grandes profundidades até esta se esfriar próximo à superfície e aí sim, formar a rocha.

Em termos de padrão geoquímico definimos resumidamente como tendo uma configuração mineral de silicatos, ou seja, minerais à base principalmente de Al, Si, K, Mg, Fe, Na e Ca. Em termos de estrutura são de dois tipos: intrusivas – granitos no geral que se formaram nas profundezas da Terra – e extrusivas – vulcânicas no geral se expõem na forma de vulcões e, em superfície, se consolidaram como rochas basálticas (essas são bem perigosas!). Tudo isso irá propiciar que o solo gerado deste ambiente tenha uma estrutura de nutrientes bem peculiar.

Usando da praticidade, são rochas facilmente identificáveis quando se está caminhando a campo e a pessoa se depara com alguma. No caso para os granitos, geralmente aparentam cores claras a amarronadas e a textura da rocha sempre destaca os minerais, ou seja, estes na aparência estão como "bolotas, pintas, grãos". As vulcânicas também são facilmente identificáveis, pois possuem uma coloração preta e não é possível identificar os minerais a olho nu. Claro, vejam bem, estou sendo bem sucinto nesta caracterização com o intuito de facilitar a que o interessado não se perca quando der de frente com um afloramento desse tipo de cenário. A não ser que queira ser um geólogo, aí o assunto é outro, pois necessitará permanecer num ciclo de curso de faculdade.

O perfil geoquímico dessas rochas propicia que elas sejam facilmente atacadas pelas condicionantes climáticas do local onde estão, formando rapidamente solos (processos do ciclo exógeno da Terra, ou seja, tudo o que acontece na superfície). Essa facilidade de reagir com os processos intempéricos é muito decorrente dos valores de taxa de mobilidade geoquímica dos elementos, os quais em ambiente oxidado (em contato com o oxigênio) são geralmente altos, ou seja, formam outros tipos de minerais e se diluem muito fácil quando da presença de água (à exceção do quartzo).

Textura típica de granitos

Textura típica de vulcânicas (basalto)

E o que isso tudo vai influenciar na *vitis*? Poxa, vou te dizer que dependendo do tipo do granito, a coisa vai se tornar um verdadeiro samba do maluco beleza! Isso porque a natureza não é uma unidade isotrópica (uniforme, estanque, certinha, quadradinha), mas sim, anisotrópica (sem uma única forma padrão).

Assim, poderemos ter um comportamento geobiodinâmico muito distinto às vezes em locais com distância de poucos metros um do outro. Incrível, mas é fato! Ser especialista em terroir implica ser um pouco de Sherlock Holmes.

A figura na página ao lado exemplifica tal situação. É um granito aflorante na região de Encruzilhada do Sul, no Rio Grande do Sul, local com alto potencial para a viticultura. Observe que temos quatro estruturas no local, a saber: veios de quartzo, regolito (rocha podre) de granito, o regolito de granito de cor amarronada e o regolito de granito de cor amarelo-esbranquiçado.

O cenário de plantio de uma unidade *vitis* irá evoluir com seu crescimento e aprofundamento das raízes na seguinte sequência: quando jovem usufrui dos nutrientes da camada amarronada, após segue e atravessa o veio de quartzo, mais algum tempo e a raiz alcança a camada amarelo-esbranquiçada e, por fim, alcança em profundidade a rocha granítica. Observando a composição geoquímica de cada estrato, já dá para imaginar a dificuldade de interpretar que porção desse terroir estará influenciando nas características organolépticas do vinho. Lembram do comportamento dos nutrientes que apresentamos na tabela anterior?

Pois bem, ali está o pulo do gato.

Os elementos K e Ca são os principais atores dessa dinâmica aqui apresentada e naturalmente serão os principais agentes a contribuírem para a característica do vinho. O sódio e alumínio possuem alta taxa de mobilidade geoquímica em meio oxidante, o que significa que devem contribuir na formação de novos minerais no solo e com isso auxiliar a posterior, na consolidação da planta. Mas eu digo que o viticultor deve ficar atento, pois a planta quando ainda jovem (camada amarronada) disponibilizará um padrão organoléptico ao vinho (com mais fruta e menos estrutura), e quando mais velha (quando a raiz alcançar a camada mais profunda amarelo-esbranquiçada) propiciará um vinho de caráter mais longevo, mineral e mais complexo. Podemos ter excelentes vinhos de Tannat, Syrah e Sauvignon Blanc desses ambientes.

Isso tudo se traduz de uma só forma para o viticultor: pesquisa de detalhe antes do plantio.

Rocha granítica na base. Região de vinhedo em Encruzilhada do Sul

O processo de delimitação de terroir em ambientes de rochas graníticas possui essa peculiaridade e complexidade, pois está envolto nas suas mais diferentes estruturas naturais, o que faz com que vinhos estabelecidos nesses locais sempre ganhem uma maior complexidade no que trate de seu perfil organoléptico.

Em locais de rochas vulcânicas a situação é um pouco mais "controlável", pois o padrão geoquímico ali estabelecido é menos complexo, tendo em vista que a predominância de elementos se dá para o Fe, Mn e Si. Geralmente um perfil do substrato nesses ambientes é mais homogêneo e, portanto, a evolução da *vitis* alí é mais previsível, minimizando o risco do projeto. No entanto, o perfil organoléptico sempre será próximo ao mesmo. Sempre teremos excelentes Sauvignon Blanc em cima dessas rochas (frutados e frescos), como os produzidos na maior parte da Nova Zelândia, Serra Geral no Sul do Brasil e parte da África do Sul. Ou ainda, com formação de vinhos de estrutura, corpo e aromáticos como os das uvas Malvasia e Sercial, da Ilha da Madeira.

Algum exemplos regionais (em alguns locais se manifestam como bolsões de rochas):

Rochas Graníticas – Enorregiões: Espanha-tintos (La Rioja), Portugal-tinto e branco (Alentejo, Dão, Bairrada, Minho), Alemanha-brancos (Mossel), Austrália-tintos e brancos (Hunter Valley, Yarra), EUA-tintos (Napa Valley), Chile-brancos (Colchagua, Casablanca)

Tintos – La Rioja/Tempranillo, Grenache > encostas de morros e platôs graníticos

Alentejo, Dão, Bairrada/Touriga Nacional, Aragonês, Baga, Alicante bouschet > encostas de morros e platôs graníticos

Hunter, Yarra/Syrah > platôs e encostas com depósitos aluvionares graníticos

Napa Valley/Pinot Noir > platôs e encostas com depósitos aluvionares graníticos

Brancos – Mosel/Riesling, Gewürztraminer > morros, platôs e encostas graníticas
Colchagua, Casablanca/ Sauvignon Blanc, Chardonnay > morros, encostas e depósitos de aluviões graníticos
Minho/Alvarinho > morros e encostas graníticas
Yarra/Sauvignon Blanc > morros e encostas com aluviões graníticos

Terroir – La Rioja possui no substrato rochas graníticas e migmatíticas, sendo todo ele encoberto por depósitos aluvionares e coluvionares predominando argilas intercaladas por lentes arenosas e pequenos seixos graníticos e migmatíticos, o que propicia a presença de potássio, sódio, alumínio, ferro e nitrogênio total. Mosel/Riesling, Gewürztraminer.

Alentejo, Minho, Bairrada e o Dão possuem em seu substrato (em forma de janelas ou extensões) rochas graníticas biotíticas, gerando espessos solos argilosos micáceos, por vezes arenosos quando predominam cristais de quartzo. Se depositam como colúvios e planícies aluviais. Geram um perfil geoquímico com amplo predomínio de potássio, alumínio e sílica, e com ferro e sódio secundários.

Mosel tem uma janela de substrato granítico em sua foz que é sobreposto por extensas camadas de colúvio, deixando o solo argilo arenoso intercalado por vezes com cascalhos. Geram um perfil químico com forte presença de potássio, sódio, ferro e alumínio.

Hunter Valley e Yarra, região configurada eminentemente por um substrato granítico recoberto por colúvios e aluviões formatados por argilas arenosas e níveis de pequenos seixos. Esse padrão cria um perfil geoquímico onde o potássio, sódio e alumínio se destacam, tendo ocorrência de ferro e nitrogênio total dispersos.

Napa Valley é configurado por uma variedade de rochas, mas em substrato, predominam as rochas graníticas ultramáficas. Sobrepondo esses ocorrem depósitos de colúvios, aluviões e planícies sedimentares com argilas arenosas e cascalhos que moldam o perfil do solo. Essa configuração disponibiliza um perfil geoquímico com forte presença de potássio, sódio, ferro e alumínio.

Vale Colchagua e Casablanca possuem em seu substrato rochas graníticas e calcárias, e sobre essas predominam grandes depósitos aluvionares e coluvionares, sendo esses configurados por níveis argilosos, arenosos e cascalhos. Essa miscelânea propicia uma gama de composição de elementos como ferro, carbonato, alumínio, sódio, potássio, fosfato e nitrogênio total como destaque.

Rochas Vulcânicas – Enorregiões: Nova Zelândia-brancos (Marlborough), Brasil-tintos e brancos (Vale dos Vinhedos, São Joaquim), Chile-tintos (Itata, Maule, Bio Bio).

Tintos – Vale dos Vinhedos, São Joaquim/ Merlot > morros, platôs e encostas basálticas
Itata, Maule, Bio Bio/ Carignan, Pinot Noir, Carménère, Merlot > morros, platôs, encostas com aluviões basálticos

Brancos – Marlborough/ Sauvignon Blanc > morros, platôs e encostas com aluviões basálticos
Vale dos Vinhedos, São Joaquim/Chardonnay, Sauvignon Blanc > morros, platôs e encostas basálticas

Terroir – A região de Marlborough possui em seu substrato rochas vulcânicas básicas (basaltos) intercaladas com rochas sedimentares antigas. Estas estão recobertas por aluviões e planícies sedimentares muito argilosas e ricas em ferro, magnésio, potássio e, por vezes, sódio.

Vale dos Vinhedos e São Joaquim são regiões onde ocorrem unicamente rochas vulcânicas ácidas e básicas (basaltos máficos e andesíticos) e estão recobertos por depósitos de colúvio e aluviões. Estes formam solos muito argilosos quando máficos e argilo-arenosos quando da existência de andesitos. O perfil geoquímico deste destaca a forte presença de ferro e magnésio, além de cálcio, sódio, sílica e manganês quando em andesitos.

Itata, Maule e Bio Bio são regiões amplas próximas às montanhas da Cordilheira e por isso a miscelânea de rochas é proeminente. No entanto, os principais produtores de uvas estão posicionados em locais onde predominam rochas vulcânicas do tipo andesítico, sendo essas sobrepostas por colúvios e aluviões constituídos de argilas e níveis de seixos. Esse tipo de ambiente disponibiliza muito ferro, cálcio, magnésio e sílica no perfil de solo.

Rochas Metamórficas

Parodiando um músico popular brasileiro, posso dizer que aqui o ambiente geológico é uma verdadeira "metamorfose ambulante", visto o fato de que as rochas que são agora não são mais as que eram antes, ou quase.

Relembrando o que coloquei nas páginas anteriores, é importante ter em mente que o planeta Terra é uma estrutura viva com intenso dinamismo (por mais que você não consiga acompanhar pelos olhos) tanto nas cotas superficiais da crosta como no manto em grandes profundidades. Essa geodinâmica toda cria novas texturas nos relevos (montanhas e planícies), nos recursos hídricos e nas rochas.

Tratando em específico deste capítulo em pauta, as transformações das rochas ocorrem em cotas mais profundas e estão muito vinculadas às configurações existentes nas bordas das placas tectônicas (aquilo que chamamos de zona de convergência) que já ocorreram há milhares de anos, mas que ainda ocorrem. No caso de nosso tema que trata do terroir, estamos falando de coisas que aconteceram há milhões de anos e que hoje se manifestam em relevos que possuem em si essas rochas.

Mas o que tem de especial esse tipo de litologia? Por que discutir em capítulo à parte? Ora, basicamente porque algumas das principais enorregiões do planeta estão sobre esses ambientes e propiciam a configuração de um terroir muito diferenciado principalmente no que trate de estrutura das rochas e a geoquímica das mesmas. Devemos somar a isso também as questões dos relevos que são formados devido a esses tipos de rocha, na maioria das vezes formando morros escarpados e montanhas.

Então, posso dizer que as informações possuem um leque muito amplo e complexo, o que exigirá de você, leitor, um empenho maior em seguir continuamente buscando mais literatura quando estiver tratando das enorregiões que possuem esses tipos de rochas. Não é minha intenção assustar ninguém, mas é que esse ambiente possui praticamente toda a tabela periódica de elementos químicos na mineralogia das rochas que o configuram (em algumas com mais quantidade, em outras com menos). Agregue-se a isso a questão dos formatos estruturais das rochas e o quebra-cabeça está pronto para ser montado.

Mas para simplificar a vida por aqui (até porque ninguém está a fim de se complicar) vamos tentar resumir e compartimentar as principais litologias levando em conta o que existe nos principais terroirs no mundo afora, e esses se dividem em dois grupos:

Com estrutura folhada (folhas): ardósia; filitos, xistos, gnaisses.

Com estrutura granoblástica (grânulos): quartzitos; mármores.

A divisão no aspecto geoquímico é mais complexa e heterogênea, então; tendo em vista que nosso interesse é tratar de viticultura e vinhos, vamos conduzir o raciocínio somente no aspecto das estruturas e dali entramos nas questões geoquímicas (que é o que vale para o terroir).

Se você, caro leitor, estiver caminhando em meio a algum parreiral e se der de frente com uma rocha desse grupo das folhadas vai ser muito fácil reconhecer, porque no momento em que você pega um pedaço na mão, ela tende a se esfoliar toda quando aplicamos um esforço em quebrá-la com martelo ou batendo em outro pedaço mesmo. Parece um mil-folhas (lembra do doce?). Principalmente os filitos e os xistos.

Textura típica de filito/metapelito

Textura típica de xisto

Em termos de enorregiões são comuns no Alentejo e Douro, em Portugal; Rioja, Catalunha e parte de Castela de La Mancha, na Espanha; Toscana e Piemonte, na Itália; sul do Chile e parte do sul da Austrália (Barossa Valley).

O que se destaca nesse tipo de ambiente é o "sofrimento" que a *vitis* passa quando está plantada nesses locais, levando em conta a escassez hídrica e a dificuldade da planta firmar raiz. São rochas que nos processos intempéricos formam pouco solo (são de pouca espessura e baixa evolução) e como tal se apresentam na forma de material alterado da rocha, ou seja, vários pedaços da mesma no perfil alterado. O que significa que a raiz tem dificuldade em se sustentar em pé. Esse tipo de cenário complica ainda a questão da presença de água, ou seja: em superfície a água escorre imediatamente quando em período de chuva (não permanece no local), ficando o que der em subsuperfície em meio à argila e aos pedaços de rocha.

Olhando assim, dá até pena das plantas! Quanto sofrimento! Mas, no final das contas, sempre tem algum lado positivo na história. Mesmo no stress físico e hídrico a *vitis* consegue produzir excelentes frutas, e obviamente, grandes vinhos! A natureza é algo espetacular, não?

O maravilhoso na coisa toda é que a planta consegue absorver o máximo dos nutrientes escassos ali disponíveis, ou seja, ela usufrui tudo que é possível para sobreviver e gerar seus frutos. A velha lei da sobrevivência.

Peguemos como exemplo os filitos das região da Toscana, na Itália. Em termos estruturais ocorre exatamente aquilo que apontamos acima, mas na região em específico as *vitis* absorvem alguns nutrientes que se enquadram perfeitamente para o pleno desenvolvimento do varietal Sangiovese, tão comum na região. Na figura abaixo se exemplifica o cenário que é comum na região (aqui no caso, Chianti, nos parreirais da Castello di Verrazano), em que camadas mais siltosas liberam mais Fe, Na e K ao sistema, ou melhor, às raízes. Intercalada a estas, camadas de areia muito fina com predominância de Ca e Na, além de outros. Ou seja, à medida que a raiz avança em profundidade, traz para si uma complexidade de nutrientes, e estes obviamente interferirão no perfil organoléptico para o vinho. Essa camada arenítica muito fina esbranquiçada é muito comum na região do Chianti, o que culmina com a liberação de Ca em predominância no solo. Esse perfil geoquímico propicia a gerarem vinhos com muita estrutura, mineralidade e longevidade, ou seja, propícios ao longo período de envelhecimento.

Rochas pelíticas e metapelíticas em Chianti/Toscana

Outro fator interessante que ocorre neste tipo de ambiente litológico (e que ajuda na geração de grandes vinhos) é o fenômeno da "capa térmica" que existe no substrato (solo/rocha). Tendo em vista a constituição mineralógica da rocha (aqui destacamos as micas) ocorre um processo de isolamento térmico entre a superfície e a camada inferior onde está a raiz da *vitis*. Ou seja, a temperatura que a planta sofre em superfície não é a mesma que a raiz. Isso quer dizer que mesmo que em superfície a temperatura esteja muito alta, no substrato onde está a raiz a temperatura é menor, e com isso se mantém em constância todo o ciclo biodinâmico da planta (o processo é o mesmo em temperaturas inversas).

As rochas do grupo das granoblásticas possuem características semelhantes, e um bom exemplo desse tipo de ambiente é a região de Priorat, da Catalunha, na Espanha, onde predominam as rochas quartziticas e ardozianas. Essas rochas possuem muita mica em sua mineralogia (em especial as muscovitas e as biotitas). Além de executarem o fenômeno da "capa térmica", liberam ao solo muito K, Al e Mg, e que levando em consideração as reações bioquímicas que elas produzem na planta *vitis*, propiciam gerar tintos com estrutura e frutados como o Grenache Noir ou com potencial de longevidade, visto sua mineralidade e estrutura, como o Tempranillo.

Coxilhas e planícies da região do Alentejo em que o substrato é formado principalmente por folhelhos e xistos (e secundariamente por granitos e arenitos dispersos)

Alguns exemplos regionais (em alguns locais se manifestam como bolsões de rochas):

Rochas Metamórficas - Enorregiões: Alemanha-tintos e brancos (Renânia), Itália-tintos (Toscana, Piemonte), Espanha-tintos (Priorat, Rioja), EUA-tintos (Sonoma), Chile-tintos (Maule), Alemanha-brancos (Mosel)

Tintos – Baden/ Pinot Noir > morros, platôs e encostas com migmatitos.
Toscana, Piemonte, Barolo/Sangiovese > morros, encostas com aluviões de rocha metassedimentar, metapelitos
Priorat, Rioja/ Tempranillo > morros, platôs e encostas com aluviões de quartzitos e metassedimentar
Sonoma/Pinot Noir > morros e encostas com metassedimentar
Maule/ Carignan, Pinot Noir, Merlot > morros, platôs e encostas com aluviões de xistos e metassedimentares

Brancos - Renânia/ Mosel, Riesling, Pinot Gris > morros, platôs e encostas com metapelitos e xistos

Terroir - Renânia região marcada por ter no substrato rochas do tipo metapelitos (argilitos), que se parecem com folhelhos e formam escarpas bem inclinadas. Neste cenário, o solo é pouco espesso formando colúvios pela encosta com predominância de argilas, ocorrendo por vezes cascalhos dessa rocha. O perfil geoquímico do solo se destaca pela presença de ferro, sódio, potássio e toda a cadeia do nitrogênio.

Piemonte e Toscana possuem no substrato rochas metamórficas argilosas e calcárias (argilitos (metapelitos) e mármores), e sobre estas se depositam aluviões e colúvios ricos em argilas intercalados por cascalhos com carbonato, alumínio, ferro, magnésio e nitrogênio total.

Priorat e Rioja são regiões que possuem uma grande variedade de rochas, mas onde se localizam os principais vinhedos a predominância é pela presença de quartzito e ardósias, sendo estes recobertos por espessas camadas de aluviões e planícies sedimentares com solos argilo-arenosos e cascalhos, o que propicia um padrão geoquímico em que predominam sílica, alumínio, sódio, potássio e ferro.

Sonoma é configurado por uma variedade de rochas, mas em substrato predominam as rochas migmatíticas. Sobrepondo esses ocorrem depósitos de colúvios, aluviões e planícies sedimentares com argilas arenosas e cascalhos que moldam o perfil do solo. Essa configuração disponibiliza um perfil geoquímico com forte presença de ferro, potássio, sódio e alumínio, além da cadeia do nitrogênio.

Maule é uma região ampla próxima às montanhas da Cordilheira e por isso a miscelânea de rochas é proeminente. No entanto, alguns produtores de uvas estão posicionados em locais onde predominam rochas gnáissicas e migmatitos, sendo essas sobrepostas por colúvios e aluviões constituídos de argilas e níveis de seixos. Esse tipo de ambiente disponibiliza muito ferro, sódio, potássio, cálcio e magnésio no perfil de solo.

Rochas Sedimentares

Dentro das famílias das rochas, esta para mim é a menos complicada. Pertencem a um grupo que tem como origem, milhares de anos atrás, as rochas das duas famílias que discutimos nas páginas anteriores. Sim, pode ser surpreendente mas é isso mesmo. Rochas sedimentares são formadas de minerais cristais originados do desmanche por intemperismo, de rochas ígneas e metamórficas.

Como já comentei, a terra é um ser muito dinâmico, em constante mutação e movimentação. Para explicar essa coisa dos sedimentos tenho que lembrar de uma coisa que não tinha comentado ainda. A Terra em seu dinamismo é dividida em dois macroambientes, que são: o ambiente exógeno e o ambiente endógeno. O exógeno é tudo aquilo que tem a ver com as coisas que acontecem na superfície (ou seja, tudo que enxergamos – ciclo hidrológico, temperatura, ventos, solos, recursos hídricos e a rocha exposta ao tempo), e o endógeno é tudo aquilo que acontece em profundidades dentro da crosta, manto e núcleo da Terra (lava e reações físicas, químicas e geoquímicas).

A origem dos sedimentos (areia, cascalho, solo, etc.) acontece no exógeno, dentro de processos que chamamos de "ciclo do exógeno". É dentro desse macroambiente que as rochas vivem e estão sujeitas a suas regras. O intemperismo com suas constantes variações climáticas e hídricas faz com que as rochas ao longo dos milênios literalmente se desmanchem e se pulverizem, e, em certos casos, desapareçam. O desmanche dessas rochas produz os sedimentos.

E depois, o ciclo começa de novo, pois esses sedimentos irão virar rochas, e nesse caso rochas sedimentares. Que coisa maluca, não? Entenderam por que eu digo que a Terra é um ser vivo? Bom, mas chega de aula de Geologia, pois o que interessa para nós é o terroir que é configurado sobre essas rochas.

O que facilita a análise do terroir nesses ambientes de sedimentares é que geralmente os perfis de solo e rocha são mais ou menos homogêneos; lineares no aspecto geoquímico. Por exemplo: se você estiver sobre rocha e solo de origem calcária, vai ter uma predominância do elemento Ca ao longo de todo o perfil vertical e horizontal em observação, variando pouca coisa com a presença de Mg quando da fase dolomítica do mesmo. E nessa aí os franceses tiveram um pouco de sorte, pois praticamente quase todas as grandes enorregiões do país estão sobre esse tipo de rocha (aí fica mais fácil, né?).

Textura típica de arenitos

Textura típica de calcário

Aproveitando o exemplo dado, podemos destacar uma região qualquer de lá para explicarmos como o terroir atua na *vitis* ao longo de sua evolução, e como tal sugiro pegarmos a região de Chablis na borda centro-noroeste da Borgonha. A região está toda sobre rochas calcárias! Chega a ser entediante.

Vou falar em específico da vinícola Domaine Brocard, tendo em vista algumas coisas interessantes que ali ocorrem (mas que se replicam por toda a região). Como em praticamente toda a França, os produtos das vinícolas possuem seus rótulos de qualidade conforme a classificação da enorregião (*Grand Cru, Premier Cru,* etc.), e, nesse local, os parreirais que fornecem as uvas para os classificados como *Grand Cru* estão geralmente nas encostas dos morros (melhor drenagem e melhor insolação). Até aí, isso é rotineiro em toda a Borgonha, normal.

Observando o perfil da rocha e solo local é possível identificar uma intercalação de rochas calcárias calcíticas com níveis magnesianos (dolomíticos). O surpreendente é que os níveis magnesianos possuem dentro de si restos de fósseis de conchas marinhas denominadas como Zoólitos. Mais interessante ainda é que as raízes das *vitis* do setor de *Grand Cru* se distribuem com mais intensidade nessas camadas dolomíticas zoolíticas.

Os níveis mais calcíticos tendem a propiciar a geração de vinhos com mais mineralidade e estrutura, o que dá a possibilidade de gerar vinhos brancos (Chardonnay, neste caso) com potencial de longevidade. Já os níveis mais dolomíticos (magnesianos) trazem um perfil mais frutado e aromático aos mesmos. A presença dos zóolitos, confesso que não tenho muita convicção de qual a sua contribuição; faltam mais dados de pesquisa. Para mim funcionam como elementos "farejadores", pois indicam a presença de camadas dolomíticas.

Perfil de rochas típico de Chablis

Esse tipo de litologia é muito suscetível a ataques

Típica superfície de solos em parreirais da região de Chablis. Argilas com clastos de calcário na superfície e rocha calcária logo abaixo

geo e bioquímicos naturais, em especial os processos de lixiviação (lixiviação = uma "lavagem" entre os poros da rocha levando para longe alguns elementos químicos), e nessa situação é possível que se criem microterroirs devido a esse fenômeno.

Voltando para o Brasil e buscando um cenário que contribua nas informações que estou passando aqui sobre ambientes em rochas sedimentares (pois temos vários cenários), vou pegar como exemplo os arenitos que existem na região de Sant'Ana do Livramento(RS). Duas vinícolas existentes com seus parreirais de Chardonnay em distâncias de 3.500m em linha reta. A primeira é mais antiga (Cooperativa Nova Aliança), tem uma história longa no Brasil. E a segunda é mais recente (Casa Venturini), mas produz em grande escala e por alguns anos seguidos ganhou a premiação de melhor Chardonnay (vinhos tranquilos) do Brasil.

A figura abaixo explica a diferença de terroir entre os dois. A mesma rocha sedimentar possui níveis estratigráficos diferentes, com "bolsões/camadas" de minerais com elementos químicos diferentes. A segunda vinícola está com seus parreirais sobre arenitos com uma predominância mineralógica à base de Si e Ca. A primeira vinícola está com seus parreirais sobre arenitos com uma predominância mineralógica à base de Fe e Si.

A primeira produz vinhos mais densos, estruturados e com frutas maduras. A segunda produz vinhos frescos, aromáticos e florais. Neste cenário, a presença de Fe e Ca é fator preponderante na diferenciação dos vinhos.

Rocha no parreiral fornecedor Casa Venturini

Rocha sedimentar em Sant'Ana do Livramento

Rocha no parreiral Nova Aliança

Alguns exemplos regionais (em alguns locais se manifestam como bolsões de rochas):

Rochas Sedimentares - Enorregiões: França Borgonha-brancos (Chablis) Espanha-tintos (Castela-La Mancha, Andaluzia), Portugal Tintos (Alentejo, Algarve), Itália-tintos (Toscana, Ligúria, Emília-Romana), Brasil-tintos e brancos (Região da Campanha-RS)

Tintos – Borgonha, Chablis/Pinot Noir > platôs e encostas de morros com calcários
Castela - La Mancha e Andaluzia/Tempranillo, Grenache, Pinot Noir > morros e encostas de morros com arenitos e folhelhos
Alentejo, Algarve/Touriga, Tinta Cão, Baga > pequenos morros, talvegues e planícies onduladas com arenitos, lamitos e siltitos
Toscana, Emília-Romana, Ligúria/Sangiovese, Barbera, Nebiolo > platôs, morros e encostas com arenitos, siltitos, lamitos e folhelhos
Região da Campanha/Tannat, Merlot > pequenos morros e talvegues com arenitos

Brancos – Chablis/Chardonnay > platôs e encostas de morros com calcários
Região da Campanha/Chardonnay, Sauvignon Blanc > pequenos morros e talvegues com arenitos

Terroir – Borgonha e Chablis possuem rochas sedimentares calcárias em profundidade e que geram lentes de solos argilosos intercalados com areias compactas ricas em carbonato e magnésio, sendo tudo isto sobreposto por cascalhos de calcário, e por vezes solos pouco espessos com rocha exposta.

Castela-La Mancha e Andaluzia possuem no substrato rochas areníticas, siltitos e folhelhos espalhadas em quase toda sua integridade, formando solos com lentes argilosas intercaladas por seixos ricos em potássio, sódio, carbonato, alumínio e ferro.

Toscana, Emília-Romana e Ligúria possuem no substrato rochas silticas argilosas e arenitos finos dispersos por toda a região, mas na forma intercalada e por vezes em "janelas" geológicas, sendo que por sobre essas se depositam aluviões e colúvios ricos em argilas constituídas de carbonato, alumínio, ferro, magnésio e nitrogênio total.

Região da Campanha-RS possui em seu substrato arenitos, siltitos e arenitos muito finos por quase toda sua totalidade (salvo "janelas" geológicas com rochas vulcânicas). Esse padrão monótono propicia uma gama de composição de elementos como ferro, carbonato, alumínio, sódio, potássio, fosfato e nitrogênio total como destaque.

Depósitos Sedimentares

Não são rochas, são o resultado do intemperismo/desmanche delas. Ou seja, são locais que acumulam todo tipo de sedimentos oriundos das rochas do entorno imediato ou de maiores distâncias. Tenho que admitir que são tão ou mais complexos que as rochas metamórficas, em específico quando iremos trabalhar a questão do terroir. São uma verdadeira dor de cabeça!

Mas para não ser de rotina e dificultar a vida dos amantes do terroir, é desse tipo de ambiente que se extraem uns dos melhores vinhos do mundo – Bordeaux que o diga!

Quando temos acesso ao perfil vertical em profundidade desses sedimentos, observamos a infinidade e a miscelânea de sedimentos que compõem o substrato. Em algumas situações chega a ser impossível identificar no campo qual o tipo de material que está ali depositado. O apaixonado pelas coisas do terroir quando se depara numa situação dessas sente um arrepio no cabelo imaginando a tarefa hercúlea que vai ter pela frente! Mas, vamos lá, porque somos os guerreiros do terroir e não vamos nos abater!

Para entender esse ambiente vai ter que se empenhar e se aprofundar um pouco mais nas coisas da geologia, não tem jeito! Se neste capítulo sobre terroir você conseguiu chegar até aqui e não pulou parágrafos, meus parabéns! Você tem uma quedinha pela ciência geológica. Então, para entender as coisas dos ambientes sedimentares com certeza você vai dar uma espichadinha e buscar mais literatura sobre o tema.

Para não perder tempo quando fores fazer um tour a esses locais, é importante ver um mapa geológico e o que existe no entorno da região que você vai conhecer. É a melhor sugestão que posso lhe dar! Veja bem, não estou querendo que entenda todos os detalhes daqueles mapas muito coloridos e bonitinhos! A coisa é mais simples: por exemplo, vai para o Vale do Uco, em Mendoza, na Argentina? Olha no mapa e veja pela legenda se no entorno são granitos, vulcânicas, xistos, etc. Ponto! Só isso basta! De posse dessa informação você vai chegar lá e vai ter uma ideia básica do que são compostos aqueles depósitos sedimentares. E então, abracadabra! As janelas da terra se abrirão.

Dentro do raciocínio de identificar e delimitar o terroir devemos dividir o substrato em dois compartimentos no máximo: os seixos/cascalhos e as areias/argilas. Vejo isso como uma estratégia para entender o comportamento geoquímico do substrato e o que isso irá disponibilizar para as raízes da *vitis*. Isso se deve muito ao fato de que são ambientes instáveis, incoesos e em constante mutação, pois nunca serão longevos. Se fossem, não seriam depósitos, mas sim, rochas.

Tendo em mente esse geodinamismo do ambiente podemos vislumbrar o que realmente passa como nutriente para a planta e o que não. Como já citamos nos outros ambientes do terroir, os argilo-minerais têm a propensão a reagirem mais rapidamente aos ataques do intemperismo, sofrendo processos de transformação, translocação, adição e gleização. E isso ocorre principalmente com presença de água, favorecendo a lixiviação.

Desta forma, quando olhamos os dois compartimentos fica mais fácil identificar de onde a planta *vitis* está buscando seus nutrientes. No compartimento de areia/argila as reações geoquímicas são mais rápidas, pois os minerais em tamanho microscópico são mais suscetíveis a quebra molecular. Mas existe uma sequência aí, onde a planta ainda jovem penetra a raiz nesse compartimento e dali obtém os nutrientes. Ora, esse nível de camada está num estágio mais definido em termos mineralógicos, devido ao tempo ali já residente (se for numa ampla planície). Essa planta então fornece no geral a possibilidade de um vinho com estrutura, mas frutado. À medida que a planta envelhece e aprofunda o enraizamento, esta vai se posicionando em camadas em que o compartimento seixo/cascalho predomina, e isso gera uma dor de cabeça danada, pois neste o perfil geoquímico é heterogêneo. Isso implica que dali saem vinhos bem estruturados, complexos e com potencial de longevidade.

Mas por que sugeri olhar um mapa geológico antes? Bom, até aqui o cenário é mais ou menos uniforme. Se avaliarmos os tipos de rochas que compõem o substrato, a coisa fica completamente disforme! Falamos nas páginas anteriores sobre rochas ígneas, metamórficas e sedimentares; bom, aqui acrescente todos eles, como uma verdadeira sopa! Quase uma sopa cósmica!

Pode parecer insano, mas é fundamental fazer essa distinção.

Depósitos sedimentares típicos da região de Tupungato, Argentina

Perfil de depósitos sedimentares padrão das planícies de Mendoza, Argentina. A primeira camada sempre se constitui de um compartimento de areia/argila à qual sobrepõe o compartimento de seixo/cascalhos (foto à esquerda). A composição dos seixos/cascalhos é muito heterogênea, como no caso da foto à direita, onde se identificam rochas vulcânicas, granitos, gnaisses, mármores, filitos, entre outros. Essa intercalação de camadas pode se repetir em profundidade, ora argilas, ora cascalhos.

Conforme observamos nas fotos é possível ver que há muitos componentes físico-químicos existentes e disponíveis num perfil desse tipo. Para facilitar um pouco a coisa toda é necessário identificar que tipo de rocha que predomina, pois esta com certeza será a fornecedora principal dos nutrientes para a planta, e como tal, contribuirá com o perfil organoléptico final do vinho.

Pegando a referência das fotos, podemos exemplificar o Vale do Uco na região sul da província de Mendoza, onde os seixos de calcário e mármore predominam ao longo do perfil do depósito, o que implica que os elementos Ca e Mg estão disponíveis em predominância no perfil e, como tal, favorecem que os vinhos tenham excelente estrutura e mineralidade. Na Europa um exemplo parecido é a região do Medóc e Grave, em Bordeaux.

Alguns exemplos regionais (em alguns locais se manifestam como bolsões de rochas):

Depósitos Sedimentares - Enorregiões: França Bordeaux-brancos e tintos (Sauternes, St. Emilion, Graves, Médoc), França Borgonha-brancos (Chablis), Espanha-tintos (Ribeira del Duero, Castela-La Mancha, Andaluzia), Itália-tintos (Piemonte-Toscana), Argentina-tintos (Mendoza-Vale do Uco), Chile-tintos (Vale Colchagua).

Tintos – St. Emilion, Médoc e Graves/Merlot > planícies sedimentares com seixo de calcário;

Ribeira del Duero, Castela - La Mancha e Andaluzia/ Tempranillo, Grenache, Pinot Noir > planície sedimentar com seixo graníticos e calcários. Encostas aluvionares graníticas

Piemonte, Toscana/Sangiovese, Barbera > planície sedimentar aluvionar com seixos graníticos e metamórficos

Vale do Uco/Malbec > planície sedimentar aluvionar com seixos de calcário

Vale Colchagua/Merlot > planície sedimentar aluvionar com seixos de granitos

Brancos – Sauternes/Sauvignon Blanc > planície sedimentar com seixos de calcário
Chablis/Chardonnay > encostas e aluviões calcários
Graves/Semillon, Sauvignon Blanc > encostas e aluviões calcários; planície sedimentar com seixos de calcário

Terroir – St. Emilion, Sauternes, Médoc e Graves possuem rochas sedimentares calcárias em profundidade e que geram lentes de solos argilosos intercalados com areias compactas ricas em carbonato e magnésio, sendo tudo isto sobreposto por cascalhos de calcário, formando um grande depósito aluvionar e coluvionar.

Ribeira del Duero possui no fundo rochas calcárias nas cabeceiras e graníticas na desembocadura, e são recobertos por aluviões e planícies sedimentares com lentes argilosas intercaladas por seixos ricos em potássio, sódio, carbonato, alumínio e ferro. Castela-La Mancha e Andaluzia com rochas areníticas na base formam aluviões e planícies sedimentares areno-argilosos, ricos em ferro, alumínio e carbonatos.

Piemonte e Toscana possuem no substrato rochas metamórficas argilosas e calcáreas (argilitos (metapelitos) e mármores), e sobre estas se depositam aluviões e colúvios ricos em argilas intercalados por cascalhos com carbonato, alumínio, ferro, magnésio e nitrogênio total.

Vale do Uco e Colchagua possuem em seu substrato rochas graníticas e calcárias, e sobre elas predominam grandes depósitos aluvionares e coluvionares, sendo estes configurados por níveis argilosos, arenosos e cascalhos. Tal miscelânea propicia uma gama de composição de elementos como ferro, carbonato, alumínio, sódio, potássio, fosfato e nitrogênio total como destaque.

Solos e sedimentos - o cérebro do terroir

Quando tratamos do item solo observamos uma forte similaridade com os ambientes de depósitos sedimentares que apresentamos nas páginas anteriores. E de fato o são. Basicamente, quando estamos tratando do tema solo, estamos tratando em específico da estrutura dos mesmos, ou seja, a forma como as camadas dos sedimentos estão posicionadas ao longo do perfil, inserindo alguns elementos químicos e orgânicos que fazem a diferenciação na nomenclatura de cada um deles.

No Brasil existe uma classificação oficial de tipos de solo, concebida pela Embrapa/Ministério da Agricultura, e recebe o nome de "Sistema Brasileiro de Classificação de Solos – Embrapa Solos, 2006". Funciona como uma normativa e é amplamente utilizado. É extenso, cheio de variáveis, mas vale a pena ler ao menos os capítulos principais de definições, até porque existem vários tipos de nomes e diretrizes referenciais. Impossível decorar tudo! Eu particularmente nunca consegui assimilar todos os nomes e diretrizes; então quando tenho dúvidas vou lá e acesso. Fácil.

Um detalhe é que os países no mundo afora possuem sua nomenclatura específica decorrente de suas variáveis regionais, então tem diferenças locais. No entanto, existem conceitos universais definidos pela comunidade científica que se usa em todo o planeta, que se aplicam direto para a delimitação de terroirs e que têm como base a granulometria, conforme tabela abaixo.

Veja o infográfico de um perfil padrão de solo:

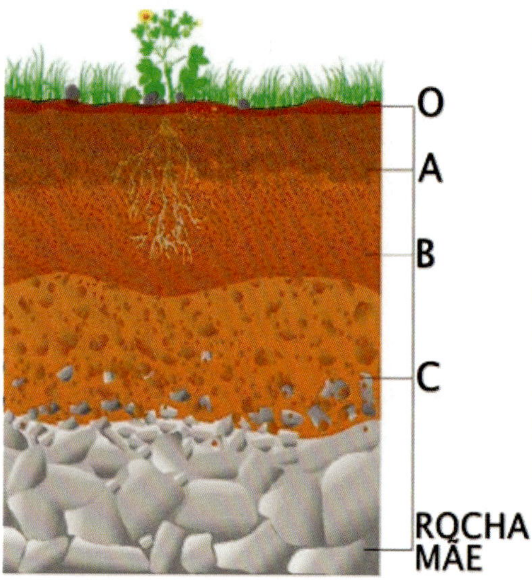

HORIZONTES

A = argiloso pastoso com muita matéria orgânica, geralmente cor preta

B = horizonte textural com argilas e cristais minerais. Geralmente de maior espessura. Principal camada que concentra os nutrientes.

C = presença de restos de rocha, arenoso e pouco argiloso. Pouca espessura. Compacto. Regolito.

D = Rocha originadora do solo (ígnea, metamórfica ou sedimentar)

De acordo com sua granulometria, os solos são assim classificados (com os nomes como popularmente são chamados):

Textura / Granulometria (mm)	Definições populares
Argila <0,002 Silte/limo 0,002 a <0,06	Argilosos, limo, carbonáceos, marga, micoso, terra rossa
Areia fina, média a grossa 0,06 a < 2	Arenosos, friável
Grânulo 2 a < 60	Granulosos
Seixo/cascalho 60 a <200	Pedregoso, cascalhento

Claro que aqui estou colocando informações de conceito muito resumido para facilitar o entendimento quando você se deparar com um cenário de presença de solos em meio a um parreiral. O detalhamento e o entendimento desse universo da classificação de solo vão depender do interesse de cada pessoa, o que implica a busca de mais literatura a respeito. O que vale para nossa discussão sobre terroir é que essa camada física coordena todas as ações geo e bioquímicas possíveis para o pleno desenvolvimento de uma determinada *vitis* ali plantada. Por isso esse ambiente é o cérebro de um terroir. Também destaco na tabela abaixo os principais tipos de solos relacionados aos tipos de rochas. Como coloquei acima, existem várias nomenclaturas conforme a característica de cada, e nesta tabela coloco somente os solos do nível 1 (primeira hierarquia), sendo que para cada um destes nomes existem outras subdenominações a mais (como uma raiz).

ROCHA	SOLO (PRIMEIRO NÍVEL*)
Ígnea vulcânica	Neossolo, latossolo, argissolos, cambissolos
Ígnea granítica	Argissolos, chernossolos, latossolos
Metamórfica xisto	Litossolo, neossolo, nitossolo, plintossolo
Metamórfica filito	Plintossolo, latossolo, gleissolo, nitossolo
Metamórfica quartzito	Planossolo, neossolo, litosssolo
Sedimentar calcário	Latossolo, gleissolo, vertissolo
Sedimentar arenito	Planossolo, litossolo, gleissolo, neossolo

**Se utilizam de uma série de parâmetros, em especial mineralogia, matéria orgânica, estrutura de camadas, grau de umidade, argilo-minerais, cristais, etc. A partir dessa definição geral se subdividem em várias outras subdefinições.*

Observando o infográfico e a tabela acima, detalhamos:

Argilossolo – geralmente de coloração que tende entre avermelhada-amarronada-amarelada. Muita argila e macrocristais minerais. São muito espessos. Principal tipo de solo encontrado no mundo. Formam os solos podzólicos, terra roxa (terra rossa), terra bruna.

Cambissolo – possuem pouca espessura. O horizonte B é fino/incipiente, apresentando macrocristais minerais. Argilo-arenoso. Horizonte C presente. Geralmente de cor amarelada-alaranjada quando o substrato é de rocha calcária.

Chernossolo – solo mais comum sobre rochas graníticas. Coloração amarelada-esbranquiçada-alaranjada. Horizonte B e C bem desenvolvido, espessos, com muita argila, macrocristais minerais e clastos de rocha (solo areno-argiloso). Muito comum mundo afora. Abrangem os solos chernozêmico, brunizém e rendzina.

Gleissolo – possui coloração acinzentada-azulada-esverdeada devido à redução de ferro. São duros e compactos, formados por argilas férricas ou areia muito fina. Pouco espessos, geralmente em contato próximo à rocha. Concentra muita água. Presente em aluviões (planície de rios) e colúvios.

Plintossolo – são argilosos com pouca espessura do B, duros, compactos e mal drenados (acumula água e estabiliza temperatura). Coloração vai de alaranjada-avermelhada-acinzentada. Saturação em Fe, Al e Mn. Muito comum sobre folhelhos e filitos em relevos que vão de platôs a morros ondulados e planícies (neste local é comum a lateritização).

Latossolo – comum em várias partes do mundo, formando camadas muito espessas de horizonte B com muita argila. Coloração vai de amarelada-avermelhada-amarronada-acinzentada. Fonte de muitos nutrientes para a videira. Estão em relevos ondulados a planos.

Neossolo – pouca espessura de solo. Predomínio do horizonte C e com pedaços de rocha. Contato abrupto entre a camada orgânica A e com a rocha mãe. Comum onde existem rochas vulcânicas, xistos e arenitos. Coloração que vai de avermelhado-amarronado-acinzentado.

Nitossolo – presença marcante de argilas no horizonte B, formando camadas espessas. Coloração avermelhada-amarronada-acinzentada. Formam a terra roxa (terra rossa) típica. Al e Fe muito presentes nos argilo minerais. Quando úmido é muito pastoso. Bem drenados.

Planosolo – ocorrem em relevos ondulados, planícies e aluviões. Mal drenados. Transição abrupta entre os horizontes A, B e C é seu referencial. Pouco espesso e com argila muito compacta e dura, e com predominância de Al, Si e Fe. Muito comum sobre quatrzitos.

Vertissolo – muito comum sobre rochas calcárias. Muito argiloso e compacto, formando rachaduras quando muito secas. Coloração vai de amarelada-alaranjada-avermelhada. Argilo minerais à base de Fe, Ca, Mn e Al. Mal drenado e espesso. Ocorrem em relevo ondulado e colúvios.

Existe uma intensa atividade biológica, química e física nesses perfis em que envolvem relações de trocas catiônicas e estruturação mineralógica. Aqui as taxas de mobilidade geoquímica são o eixo central das ações químicas, e como tal, definem o perfil do solo. É importante frisar que essas relações estão fortemente vinculadas a alguns fatores externos, os quais são: formato do relevo, presença hídrica e gradiente térmico. Assim, percebe-se facilmente que as reações bio e geoquímicas vão ser diferentes de regiões para regiões no mundo.

Aliás, esta questão de comportamentos geo e bioquímicos é diferente de região para região no mundo, o que explica muito dos motivos de por que não é em todo lugar que se pode desenvolver uma viticultura normal. Como mencionei no começo deste capítulo, é o terroir local que define qual o tipo de varietal que pode ser plantado lá, ou seja, é a terra que define o que pode ou não pode. E sempre está vinculado à questão do tipo geologia/solo e clima local. Realmente a coisa funciona assim, pois ao considerarmos que determinada *vitis* precisa de um perfil físico específico para se desenvolver em sua plenitude, é lógico que se plante a mesma nesse tipo de ambiente. Solos espessos e ricos em nutrientes como no entorno do Equador, ou pouco espessos e pobres em nutrientes em regiões polares gélidas, obviamente não darão as condições ideais para o desenvolvimento da planta *vitis*.

Neste tipo de situação destaco abaixo a figura que trata de apresentar na forma de um diagrama simplificado esses ambientes de formação de solo que existem nos principais compartimentos ecossistêmico de nosso planeta. No núcleo central dos compartimentos é que temos a *"zona vitis"* inserida dentro do eixo de latitude onde estão as principais enorregiões do planeta. Observa-se facilmente que as zonas tropicais e polares são péssimas para o cultivo vitícola, vista a relação abundância/escassez de nutrientes. Sugiro memorizar, como uma colinha, pois pode ser muito útil quando se estiver viajando por este mundo vitícola e se encontrar um cenário duvidoso quanto ao potencial de viticultura.

O que se mostra nesta figura é que existe um eixo vitícola muito restrito, e fora disso, ou não ocorre ou ocorre com condições extremas de sobrevivência (frio ou calor) como trataremos melhor no capítulo 4. Mas, de antemão, os processos bio-físico-químicos ocorrem em qualquer tipo de solo, independentemente de onde estão. Assim, é importante ter em mente os tipos de reações que deverão ocorrer em determinada região agregada aos fatores de saturação hídrica, relevo e temperatura.

Como exemplo vamos trabalhar com solos aluviais e coluviais (os primeiros formados em planícies de inundação por rios e os segundos em encostas de morros e no sopé dos mesmos, decorrente de movimentações por arrastes). São sistemas que têm uma leve tendência a formarem camadas de minerais na forma de argilas, como se fossem lâminas paralelas. Estas camadas possuem uma relação química de nutrientes distintas entre si, ora mais abundante, ora menos abundante ou inexistente. A saturação hídrica é diferente nos dois, sendo que nos aluviais é mais constante e nos coluviais menos presente e muito suscetível ao clima, em especial às chuvas. Isso implica que serão diferentes conforme o lugar no planeta, estando em locais inóspitos (muito quente ou muito frio) pouco desenvolvidos e em locais mais amenos bem desenvolvidos e estruturados.

DIAGRAMA ESQUEMÁTICO DO PERFIL DE ALTERAÇÃO DA ROCHA E FORM

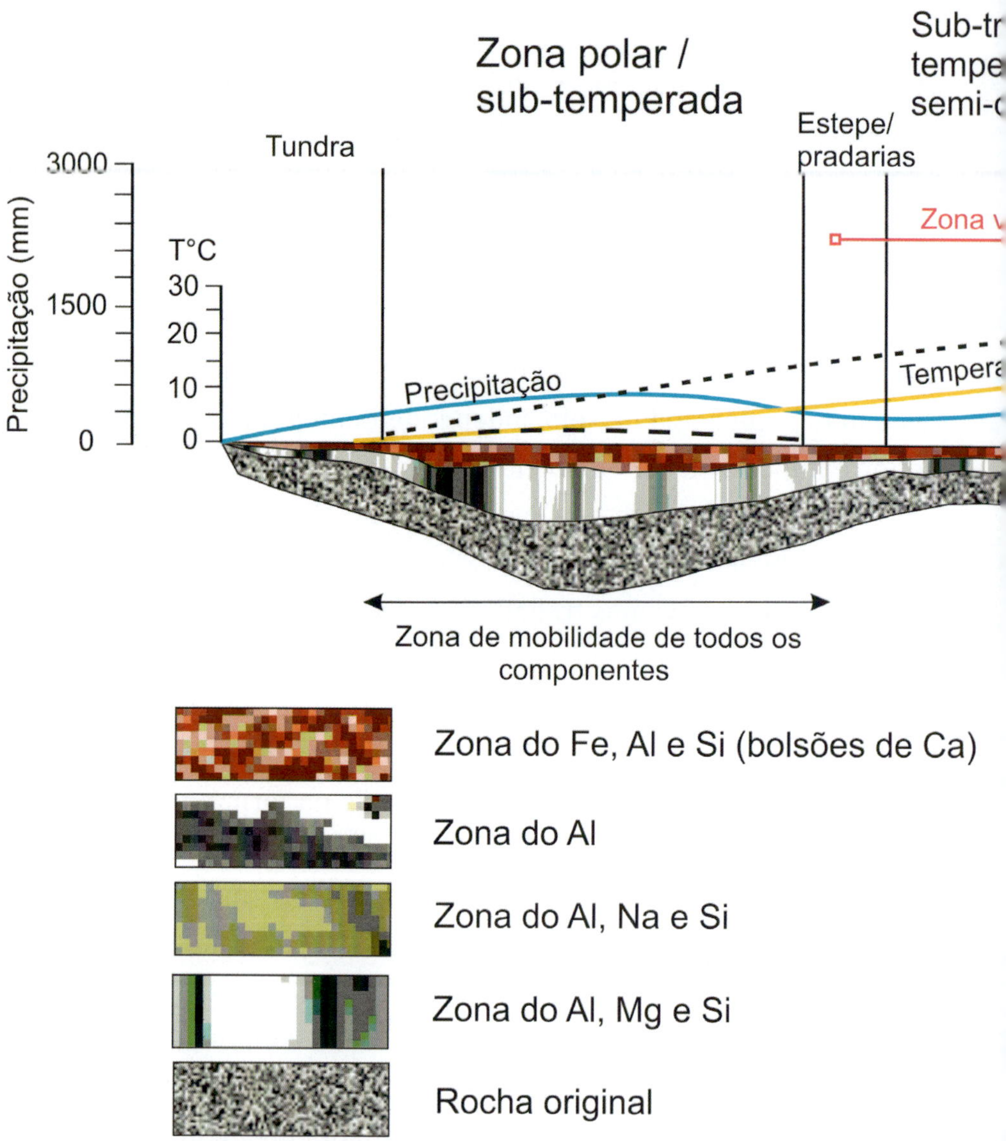

OLO GEOQUÍMICO PREDOMINANTE EM RELAÇÃO AOS MACROCLIMAS

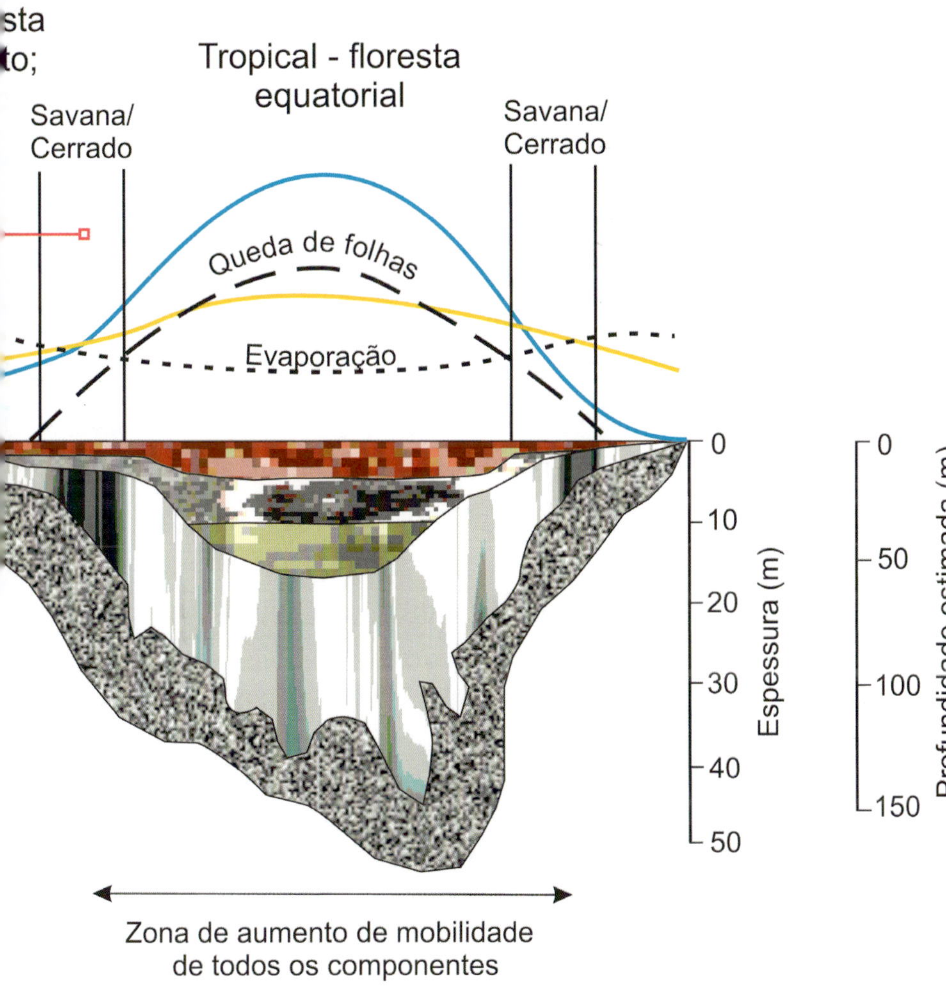

A grande predominância de uso e ocupação do solo para a viticultura no mundo está centrada em solos do tipo coluviais, pois estão posicionados em encosta de morros, coxilhas e montanhas, e no aspecto geoquímico estão estruturados na forma de que a planta *vitis* se desenvolva no "limite" da sobrevivência, buscando seus nutrientes nos microespaços disponíveis para tanto. Devemos sempre prestar atenção, pois nem sempre o solo superficial tem uma relação direta com a "rocha mãe" do substrato. Estes tipos de solos tendem a ter um certo dinamismo de movimentação, ou seja, ao longo dos milênios determinado pedaço de solo poderá não estar mais naquele local original vinculado à rocha original. Isto quer dizer: elas "andam" por decorrência de uma série de fatores físicos existentes na crosta da Terra (na geomorfologia chamamos isso de "movimentação de massa"). Preste atenção então quando olhar um determinado perfil de solo antes de emitir uma opinião quanto ao contexto, pois pode cometer um equívoco de opinião desagradável se a definir na primeira olhada e ela não estiver adequada ao cultivo da *vitis* local.

Na contramão, os solos aluviais são eternos enquanto dinâmica de movimentação. O máximo que ocorre são as alterações geoquímicas e o aporte de novos sedimentos às planícies locais. Estão sempre vinculadas às planícies, e como tal formam uma grande "bacia" de sedimentos/solos, e que no geral formam grandes vales (Bordeaux, Loire, Rioja, Mendoza, etc.). Formam um substrato com um perfil bem definido em suas camadas intercaladas, e como tal têm um padrão de perfil geoquímico mais ou menos homogêneo dentro de cada camada (conforme destacamos nos capítulos anteriores). O problema desses ambientes se chama "excesso". Como os exemplos que citei há pouco, podem sofrer de saturação hídrica e de nutrientes, pois a capacidade de mobilização desses componentes é muito baixa, vinculada em especial ao fator relevo. São planos ou de baixíssima declividade, o que dificulta a dispersão do excesso de água ou de nutrientes. A construção de mecanismos de controle para essas situações é muito importante para a permanência da unidade vitícola local, e é quando a mão do homem entra.

Então, por esse raciocínio muito básico já percebemos que realmente não é em qualquer lugar do planeta que se pode desenvolver uma viticultura, sabendo que a planta vai se comportar muito distintamente em ambientes mais ou menos propícios

Dessa forma, reforçamos aqui a função primordial do "cérebro" do terroir, onde a possibilidade de sucesso de um espaço produtivo vitícola está fortemente vinculada ao entendimento dessa camada física do local produtivo.

O clima e o homem – a pincelada final

"... esse ano eu colherei doces planos; plantados em meu campo dos sonhos; sem amargar, sem temer..."
(André Ferreira - 2012)

"A relação do homem com as coisas da natureza se alterou rapidamente quando ele se reposicionou socialmente de um ser coletor/caçador para um ser cultivador, e a isso damos a definição na história como a grande Revolução Agrícola, ocorrida por volta de dez mil anos atrás na região do Oriente Médio" (Jay, 2002). Desse período em diante a relação do homem com a natureza nunca mais foi a mesma, e até hoje é palco de mutações dentro de uma leitura positiva como ainda negativa. Levando em conta o cenário mundial que temos hoje, definitivamente resolvemos nos intrometer de um jeito que não deveríamos – dentro da perspectiva ecológica, claro!

No momento do reposicionamento social com prioridade para a agricultura, o ser humano imediatamente identificou que o fator clima era crucial e definidor dos resultados produtivos e, cruelmente, da possibilidade de sobrevivência ou não da comunidade local. Motivo que fez com que a transição fosse lenta no tempo histórico, tendo em vista que alguns cultivares se consolidaram na rotina do cultivador ao longo de um ciclo muito longo (trigo e bodes 9.000 a.C.; ervilhas e lentilhas 8.000 a.C.; oliveiras 5000 a.C.; cavalos 5000 a.C.; e, o que nos interessa, videiras 3500 a.C. (Harari, 2019).

Acompanhar o comportamento climático é uma tarefa a que o homem cultivador se dedica desde os primórdios e com mais intensidade nos últimos anos, fazendo uso forte do aparato tecnológico, tudo com o interesse de garantir a efetividade da produção e desta forma evitar prejuízos. Mas na Antiguidade a tecnologia se chamava "deuses", e para tanto, a questão climática por uma lógica cultural se tornou quase que como uma instituição extraterra; propiciando a que até hoje se tenham alguns costumes e crenças enraizadas na psique do homem cultivador. Essa cultuação ao clima tem explicação pelo fato da dificuldade de entendê-la e prever as suas consequências.

Mas para as questões do terroir precisamos olhá-lo de maneira racional e científica, tentando identificar e prever suas variações conforme a região em que estamos ou a que iremos. Para a viticultura isso é parte do processo de planejamento do negócio. Eu, como geólogo, tenho que confessar que faço uso direto do elemento climático nas minhas rotinas de trabalho, e para as avaliações de delimitação do espaço geográfico do terroir e posterior plantio da *vitis*, isso soa como uma rotina automática.

O termo correto para o que envolve o tema em pauta se define como "Sistema do Clima", e neste se aglutinam todos os processos da superfície terrestre, como: temperatura, pressão atmosférica, ciclo hidrológico, a forçante solar, ciclo dos ventos e umidade relativa. Os componentes principais do sistema são: a atmosfera, a hidrosfera, a criosfera, a litosfera e a biosfera; e todas estão conectadas entre si e se inter-relacionam.

Dentro dessa macrovisão temos condições de delimitar determinadas regiões para o desenvolvimento da viticultura, tendo em consideração a capacidade de suporte que uma determinada *vitis* possui. Conseguimos identificar grandes eixos de localização para a viticultura no planeta e eles se concentram entre as latitudes 30^0 a 45^0, com pequenas variações conforme a região (vimos isto no capítulo 1). Em termos climáticos esses eixos estão dentro da linha climática subtropical.

O raciocínio técnico-logístico para a operação de plantio de videiras é muito igual a qualquer outra cultivar, como cebolas, laranjas, arroz ou mamão. Ou seja, todas possuem seu tempo próprio (ciclo produtivo e de hibernação) e como tal exigem do produtor uma rotina diária de monitoramento e aporte de insumos quando necessário.

Nas videiras o monitoramento é mais compartimentado, obedecendo rigidamente ao momento produtivo (colheita) e ao de hibernação. A inserção de insumos (em especial corretivos de solo e fungicidas) e o momento correto da poda são ações fundamentais para o sucesso produtivo. A condição climática do momento definirá a execução das ações do produtor. Devo lembrar que essas ações por parte do produtor são em tempos inversos entre o hemisfério sul e norte, por motivos óbvios (inverno e verão).

Aos que me conhecem mais proximamente sabem que tenho uma leitura sobre os elementos que compõem o terroir em que não consta a presença do homem como parte desse, mas sim este o utiliza conforme o ambiente local. Ou seja, o homem é externo ao terroir. Como já citei neste livro, o terroir escolhe a sua melhor *vitis*, e para que isso aconteça é necessária a pincelada final com o homem fazendo o plantio daquela variedade que se adapta perfeitamente ao local. Isso parece até uma espécie de "embate" entre o homem e o terroir local, em que a batalha pode ser vencida pelo terroir ou ocorrer um acordo de paz quando o homem aceita os termos e planta no local a *vitis* correta. Não adianta teimosia!

Por vezes ocorrem grandes fracassos produtivos ao longo do planeta, com o produtor plantando (por teimosia ou achômetro) em locais em que não vai se desenvolver a *vitis* selecionada, ou caso se desenvolva, vai propiciar um péssimo produto. Caso a racionalidade prevaleça, o plantio será correto. Quando o plantio é correto, cabe ao homem fazer com que a produção permaneça ao longo dos tempos, obedecendo à evolução da planta e seguindo os elementos dos ciclos climáticos.

Atualmente, no momento em que escrevo este livro, no começo deste século 21, ocorrem constantemente grandes anomalias climáticas ao longo da superfície do planeta, que conforme a intensidade influenciam diretamente no fator climático local, em escala pontual. Apesar das constantes discussões acaloradas nos meios científicos e não científicos, estamos sofrendo com os reflexos das mudanças climáticas em nosso planeta. Geadas fora de época, estiagens longas, enxurradas explosivas, queda ou ascensão abrupta de temperatura e umidade; enfim, um coquetel perigosíssimo para o cultivo de videiras. Nessas horas a intervenção humana para a salvação e sucesso da produção é fundamental, salvo quando o impacto climático é muito severo e não pode ser controlado (geadas e nevascas abruptas no período de floração do pé; chuva de granizo com a fruta desenvolvida, etc.). Atualmente está ocorrendo uma "migração" por parte de alguns grandes produtores para o desenvolvimento da viticultura para latitudes mais altas na Europa e Canadá, ou seja, estão na busca de locais que ainda mantêm a "previsibilidade" climática outrora existente nas regiões mais ao sul dessas macrorregiões.

E assim seguirão os caminhos do ser Sapiens atrelados aos fatores climáticos dando suas pinceladas finais no terroir local, almejando produzir grandes vinhos.

3

CONHECENDO AS UVAS (ALGUMAS DE MILHARES)

De uva cada um de nós entende um pouquinho, não é? Dia de feira no bairro, em época de safra, estão lá as opções: tintas, brancas, rosadas, grandes, pequenas, com semente, sem semente, carnudas, não carnudas, etc. Realmente, as variedades de mesa para o consumo *in natura* são bem significativas e amplas, e variam enormemente dependendo do país em que estamos.

De maneira geral as uvas são divididas em dois grandes grupos: as híbridas e americanas (para consumo *in natura* e fabricação de alguns vinhos de mesa e sucos) e as viníferas *(Vitis Vinífera)*, exclusivas para a produção de vinhos. A história do uso da uva para consumo do ser humano remonta a milhares de anos, tendo registros arqueológicos identificados em algumas partes do mundo. Desde que o humano Sapiens saiu da fase coletor/caçador e adentrou ao modo agricultor, as variedades de cultivo de produtos se ampliaram e se multiplicaram, e a uva estava neste ambiente. *"Numa localidade chamada Hajji Firuz Tepe, a noroeste das montanhas Zagros, região a oeste do que hoje é o Irã, foram encontradas jarras de barro com resíduos de suco de uva e resina datados como sendo do período entre 5.400-5.000 a.C., o que evidencia uma manipulação por parte dos agricultores locais para a produção da bebida"* (Phililips, 2014). Até o momento é um dos registros mais antigos do uso das uvas para a produção da bebida (mas, como no mundo da ciência a coisa é dinâmica, talvez algo novo surja logo mais). Em algum lugar deste planeta deve ter alguma janela do tempo que possa apontar algum outro registro, pois usando um raciocínio lógico é possível imaginar que tudo isso seja mais antigo, *"pois o Sapiens do paleolítico já fazia o uso de consumo de uvas silvestres (vitis vinífera sylvestris) conforme alguns registros arqueológicos já documentados"* (McGorven, et. al., 2003).

Para o mundo dos vinhos existe uma infinidade de tipos para serem utilizados para a produção da bebida. Para se ter uma ideia, só em Portugal existem aproximadamente 250 variedades autóctones (que são de lá mesmo). Na Itália são mais de 700 variedades – com formatos e nomes dos mais curiosos possíveis, como Alfrocheiro, Amor-não-me-Deixes, Coração de Galo, Esgana Cão Tinto, Rabo de Ovelha, Bastardo Branco, Roupeiro Branco e por aí vai! Uma loucura! Claro que essas variedades e outras mais se utilizam em vinhos muito específicos e em cortes com outras uvas. As mais famosas do país são a Touriga Nacional, Alvarinho, Baga, Loureiro, Castelão, entre outras. Vejam bem, eu estou falando somente de Portugal.

Os dados atuais da OIV apontam que existem mais de 5 mil tipos de uvas diferentes no mundo para a produção de vinho. É muita coisa, não? Neste universo, existem muitas que são utilizadas de maneira muito específica e em cortes, formando vinhos e seus derivados para um determinado mercado; como por exemplo a Airen (muito utilizada na Espanha), uma uva branca para elaboração de vinhos de corte e *brandy*. Ou seja, não é necessário decorar todos os 5 mil nomes de uva, pois não tem sentido algum! De antemão, existem aquelas mais utilizadas que vou mostrar logo mais abaixo no texto e que ganham notoriedade mundo afora. E destaco somente estas, pois estou me referenciando aos dados numéricos mundiais apresentados pela OIV, levando em conta a sua dimensão comercial e o cultivo em áreas plantadas. Ou seja, são as mais relevantes para a produção de vinhos.

Tintas

Cabernet Sauvignon

A curinga dos vinhos, amplamente utilizada no mundo. Oriunda de Bordeaux por hibridez entre Cabernet Franc e Sauvignon Blanc. Casca mediana e com boa produtividade no pé. Tanicidade razoável, o que implica que sofre se o clima não ajudar. Sabor herbáceo.

Cabernet Franc

Também originada de Bordeaux. Película fina e sabor herbáceo. Taninos discretos e amadurece rápido, o que motiva ao plantio em regiões frias. Possui média produtividade e é propícia para produção de vinhos jovens ou em cortes (corte bordalês), ou seja, não envelhece bem.

Merlot

Película de cor intensa e sabor herbáceo, com produtividade média no pé. Boa tanicidade, produz vinhos de sabor frutado, macio e de muita cor. Muito utilizada nos países do novo mundo, fornecendo vinhos envelhecidos excelentes.

Tempranillo

Película grossa. Taninos delicados e adocicados. Produz vinho de muita cor e fruta, mas com acidez baixa e sem muito álcool. Muito apreciada por seu potencial de envelhecimento e madeira. Uva marca registrada dos espanhóis.

Malbec

Um varietal que teve forte produção em Bordeaux no século XVIII. Hoje, se concentra em Cahors, na França, e Mendoza, na Argentina. Possui casca grossa rica em taninos. Tem alta produção no pé, sendo necessário a retirada de excesso. Fornece cor ao vinho quando em cortes com outras castas. Ótima para envelhecimento de vinhos.

Syrah

O amadurecimento precoce com bagas pequenas. Produz vinhos de intensa cor e aromas complexos, aromáticos e finos. Também encorpados e robustos, possibilitando o envelhecimento em carvalho. Produz grandes e renomados vinhos.

Grenache Noir

Também originada de Bordeaux. Película fina e sabor herbáceo. Taninos discretos e amadurece rápido, o que motiva ao plantio em regiões frias. Possui média produtividade e é propícia para produção de vinhos jovens ou em cortes (corte bordalês), ou seja, não envelhece bem.

Pinot Noir

Uma uva que possui um baixo rendimento no pé, sendo muito suscetível a doenças. Produz bem o açúcar. É deficiente em cor, mas dá fineza ao vinho. Muito utilizada em espumantes para elaboração de rosés.

Brancas

Sauvignon Blanc

Produz vinhos frescos, límpidos e de médio teor de álcool. Aromas herbáceos e minerais são a marca registrada. Também utilizada em cortes.

Chardonnay

Casta amplamente usada no mundo tanto para vinhos tranquilos como em espumantes. Adapta-se fácil aos diferentes terroirs. Sempre produz vinhos com boa acidez, aromáticos e de delicada estrutura e fineza. Conforme o terroir, pode envelhecer muito bem em barricas e garrafas.

Trebbiano

De sabor simples e neutro. Possui alta produção no pé, acidez e personalidade. Muito utilizada em corte para vinhos tranquilos e espumantes. Amplamente utilizada para a elaboração de Cognac.

Riesling

Produz vinhos límpidos e aromáticos. Maturação tardia e se for em anos quentes dá uvas mais doces. Casta amplamente usada no mundo, tanto monovarietal como em cortes.

Moscato

Intenso aroma floral e frutado. Amplamente utilizada em espumantes (moscatéis e asti) e vinhos tranquilos, principalmente de mesa. Também utilizada em cortes para dar aroma e em destilação para gerar graspa.

Chenin Blanc

Tem alta produtividade no pé, alta acidez e baixo teor de açúcar. Uma uva curinga, pois é muito utilizada em cortes para alcançar equilíbrio aromático, tanto em vinhos tranquilos como em espumantes.

Alvarinho

Produz um vinho fresco, elegante e límpido. Tem a película grossa e gera alto teor de álcool. Aromas frutados e elegantes, produzindo vinhos fáceis de beber.

Rosés (do quê?)

No mundo das *Vitis Vinífera* não existe cultivo em escala de uvas rosés para a produção de vinhos (somente alguns varietais como moscato hamburgo e rosa). Existe no grupo das híbridas e americanas, aí sim. Mas para o mundo dos vinhos finos, o que ocorre são alternativas com o uso da uvas tintas já em uso, ou seja, é realizada a prensagem inicial de uvas de vários tipos como Merlot, Cabernet Franc, Malbec, Grenache, etc. Em detalhe: pegam essas uvas tintas e após a entrada na linha de produção da vinícola executam uma prensa dessas uvas até o ponto inicial da ruptura da camada interna da casca da uva, e durante esse processo se extrai o suco (mosto), deixando que fique em contato com a casca (maceração) um determinado período para dar coloração e aromas (aí vai depender do projeto de vinho e mercado a ser atingido). Após, a uva residual é retirada dos tanques. Dessa forma se extraem a cor e os aromas iniciais dessa uva tinta, deixando o vinho com a tradicional coloração rosé e os aromas mais complexos oriundos da determinada uva.

A escolha do tipo de uva tinta para elaboração do rosé está muito vinculada a questões mercadológicas de cada vinícola, como o interesse em atingir um nicho de mercado que busque produtos diferenciados e com um potencial uso mais amplo (por isso a utilização de vários tipos de uvas tintas). Isso está muito relacionado ao comportamento do consumidor ao longo do tempo, pois além do interesse deste em manter o consumo de produtos mais tradicionais das tintas e brancas, busca sempre novidades que agradem ao seu paladar e ampliem seu leque de uso. Aqueles que, como eu, com algumas décadas de estrada, devem se lembrar do comportamento errático dos rosés no mercado, em que no começo das décadas de 70 e 80 eram bem disponíveis (se utilizava muito acompanhando refeições), mas, logo depois, na década de 90, sumiram, e agora, de 2015 para cá, tiveram um impulso não só no Brasil como no mercado mundial (vinculado ao consumo do lazer, eventos e harmonização em alimentos).

Nesse tipo de vinho tenho uma interpretação de que são os melhores "farejadores de tendências", pois mudam sua posição mercadológica rapidamente conforme as tendências de consumo, diretamente vinculados à entrada e saída de novos consumidores (jovens em predominância). Se olharmos com uma lupa o comportamento desse consumidor é possível enxergar que ele se movimenta por novidades rapidamente quando encontra produtos nessa linha, se mantendo mais conservador para as tintas. Tanto que a entrada de novos formatos de tintas (mais leves e aromáticas) foi impulsionada pela percepção do setor vinícola pelo interesse do consumidor (respostas organolépticas), e o que os rosés num primeiro momento trazem ao indivíduo, ou seja, o rosé despertou algumas variáveis sensoriais na pessoa para que ela buscasse também nas uvas tintas tais sensações novas. Tal comportamento se dá em escala mundial, não é só no Brasil. Resumindo, é uma variedade muito interessante e pode trazer surpresas muito agradáveis. Merece a experimentação!

MOSCA EL DE SETUBAL
80 VINTAGES OF THE SAME WINE
AGED IN OAK CASKS
NIQUE COLLECTION IN THE WORLD
OVER 100 YEARS
1910 1920 1930 — 1950 1960 1970
— 1911 1921 1931 1941 1951 1961 1971
1912 1922 1932 1942 1952 1962 1972
1913 1923 1933 1943 1953 1963 1973
1914 1924 1934 1944 1954 1964 1974
1915 1925 1935 1945 1955 1965 1975
1916 1926 — 1946 1956 1966 1976
1917 1927 — 1947 1957 1967 1977
1918 1928 1938 1948 1958 1968 1978
1919 1929 — 1949 1959 1969 1979
1980 1981 1982 1983

4

VINHOS: RÓTULOS OU REGIÕES?

O QUE É MAIS IMPORTANTE?

"... Vinho amargo; Um doce...
Quase amargo
Descendo por minha garganta
Depois...
Subindo como seiva;
querendo apenas nutrir
Esta pobre alma; Já ébria e sem razão
Que se pergunta então:
- e por que não?"
(Mauri, 2010)

Em uma de minhas viagens enoturísticas e de trabalho fiz uma visita de mais detalhe na região de Champagne com vistas a entender melhor o que é efetivamente aquele terroir. Durante minha estada, obviamente fui às compras! Adquiri produtos de vinícolas consagradas de grande porte, como ainda de pequenos produtores. Voltando ao Brasil, num certo momento resolvi compartilhar esses produtos com amigos meus enófilos que com certeza gostariam de apreciá-los. Combinamos um jantar num fim de semana qualquer.

Só que resolvi fazer uma pequena brincadeira naquele encontro.

Naquela noite coloquei nas espumanteiras, com bastante gelo, três garrafas de Champagne (vinícolas consagradas) e uma espumante da Serra gaúcha, mais especificamente de Pinto Bandeira. No evento, fui distribuindo as taças sem eles terem visto os rótulos (degustação às cegas), e fui pedindo as opiniões/sensações de cada um. Todos muito concentrados, colaboraram e deram seus vereditos e definiram a melhor garrafa. Resultado? A melhor espumante foi a de Pinto Bandeira! Pois é...

Então, entre rótulos e regiões, o que é mais importante? Obviamente existe uma série de fatores que envolveram a degustação acima, e talvez o maior foi o elemento expectativa, visto o fato de que sabiam que haveria espumantes de Champagne. Quer queira ou não, isto influencia muito no comportamento sensorial de uma determinada pessoa. Mas ao mesmo tempo essa situação aguçou ao extremo os sensores organolépticos de cada um deles, ou seja, estavam muito prontos para a tarefa. E aí é que entra aquilo que muitos falam quase que como um mantra: o melhor vinho é aquele que eu gostei, que me deixou muito bem! E é dentro da linha desse mantra que as vinícolas hoje trabalham forte nas questões de rotulagem, tipos de vinho e regiões. Hoje, por exemplo, não podemos mais afirmar que a melhor espumante vem de Champagne!

Devemos levar em conta todos os fatores que se modificaram nos últimos 50 anos em nossa sociedade e no setor vitivinícola mundo afora. Uma nova geração de consumidores se consolida a cada ano no mercado mundial de vinhos, os quais prestam mais atenção nos produtos que estão consumindo; não se apegam mais a rótulos consagrados no pretérito. Claro, a atual geração de consumidores consolidados e de mais idade ainda está vinculada ao cenário existente do século 20 para trás, e como tal, alguns desses ainda priorizam os rótulos e o tradicional. Mas as novas gerações deste século 21 não se comportam mais dessa forma.

Sendo assim, vamos por partes e apontaremos algumas coisas nestas próximas páginas.

Vinícolas e seus rótulos

"... salve a videira dos anos!
O vinho é meu mestre;
Nele me afogo, pedestre
Do tempo e dos anos..."
(Ivan de Oliveira e Melo – 2019)

Até o período da segunda guerra mundial, falar em vinícolas e rótulos seria falar da França, ou um pouquinho mais, da Itália. Foi um padrão mercantil que durou séculos e ditou regras e comportamentos. Temos que admitir que a França realmente foi um marco no processo produtivo vitivinícola, criando procedimentos e costumes até hoje utilizados (mesmo que sempre existissem componentes que eram contrários aos processos produtivos – em especial, o clima e as guerras; dali sempre saíram vinhos extraordinários).

Existiam outras regiões produtivas, como Itália, Espanha, Portugal, Alemanha, Áustria e Hungria em destaque, mas enfrentavam componentes extras além do clima e das guerras; também existiam as adversidades da logística de distribuição. Esses países tinham dificuldade de escoamento, principalmente devido às condições de relevo do país e por não possuírem canais de escoamento bons como os rios (o que não ocorria na França). Dessa forma boa parte da produção desses países era consumida regionalmente, dentro de seu próprio território. E essa condição é que moldou o cenário mercantil de vinhos por centenas de anos.

Na França da época a lógica da absorção da cultura vitícola em determinado momento ganhou proporções absurdas, tendo em vista que em certo ponto se cultivavam parreirais em qualquer canto de terra possível; como o ocorrido em Bordeaux por volta de 1720, quando o intendente Claude Bouchet ficou preocupadíssimo, pois *"por dez léguas no entorno de Bordeaux, só se vê videiras"* (Philips, 2014) – cada légua possui 4 km –, o que obrigou o governo real a proibir, em 1731, qualquer novo plantio de videiras na França. Iriam faltar cereais para alimentação. Impressionante!

Esse cenário exemplifica bem por que a França dominou por tantos anos as questões do mercado de vinhos. Grandes nomes de vinícolas se consolidaram nesse ambiente, e mais intensamente após a promulgação da classificação de qualidade definida em 1855 para a região de Bordeaux.

No entanto, no período atual que vivenciamos temos cenários vitivinícolas com um amplo leque de situações, em que marcas históricas consagradas convivem com produtores jovens de elevada respeitabilidade no que trate de disponibilização de produtos. É um mercado disputado, com eventuais rusgas mercadológicas ocorrendo aqui e ali. O mundo mudou, muito em decorrência da safra de novos consumidores chegando, cada vez mais exigentes. Assim, dentro deste contexto todo, entendo que o mundo dos vinhos pode ser compartimentado em dois macroambientes, conforme explano nos capítulos seguintes.

Regiões: o normal entre os paralelos 30º e 45º

É um eixo geográfico do planeta que tem em si uma proporção com algo em torno de 80% da produção vitícola mundial. De maneira geral, tirando os componentes históricos, o fator preponderante para o cenário é o clima e o terroir. São regiões que possuem estações climáticas bem definidas, com pluviometria e temperaturas propícias para o plantio de vitíferas, além de possuir um bom gradiente térmico entre a noite e o dia. Ou seja, o pezinho de uva está bem feliz nesses ambientes subtropicais. Apesar das variações climáticas abruptas ocorrendo desde o final do século XX devido ao aquecimento global, ainda está dentro de um padrão suportável.

Mesmo com o fator climático contribuindo bastante, sabemos também que a grande maioria das regiões produtoras ali se consolidaram também por fatores históricos, de colonização em predominância. O continente americano inteiro teve o seu setor vitícola desenvolvido pelo fator colonização. África do Sul, Austrália e Nova Zelândia também.

Quando fazemos um sobrevoo sobre essas regiões tentando entender suas origens, precisamos agregar os fatores históricos para compreender a existência deles naqueles locais. Através de registros é possível identificar que no entorno do ano 1000 existia cultivo em várias partes da Europa, inclusive em regiões de difícil adaptabilidade da planta, como na Inglaterra, Bélgica e Dinamarca. Existia um comportamento social de desafio às questões ambientais então existentes, muito pela necessidade de ocupação de espaço territorial e, ainda, para aplacar as necessidades alimentares (cereais principalmente). Como sabemos hoje, foram tentativas infrutíferas.

Foi um período muito dinâmico de consolidação de reinados, mas também do crescimento populacional, sendo que entre os anos 1000 e 1300 ocorreu um aumento populacional de cerca de 100% no entorno de algumas cidades como Paris e Londres, ou seja, alimento era uma necessidade. Isso explica um pouco a disseminação do plantio de cereais e videiras em várias partes da Europa com cortes amplos de florestas e drenagem de pântanos – estes nas planícies de Bordeaux, onde boa parte do terreno era configurado por áreas alagadiças. Sim, Bordeaux nasceu assim, pela necessidade de alimentos cereais, mas também por uma série de disputas de ducados e cortes, em que as questões de impostos e compras imperiais eram o eixo que impedia o desenvolvimento linear da região. Depois de várias idas e vindas, por volta de 1240 Bordeaux fincou o pé no mercado internacional, abastecendo principalmente o mercado e a corte britânica; mercado que provocou um *boom* na viticultura francesa. Desse momento em diante, o mundo dos vinhos não seria mais o mesmo.

Mas, como não poderia deixar de ser, o comércio era muito dinâmico e sensível a qualquer variável climática e sócio-política que poderia ocorrer. Como citei, foi um período de intensos conflitos territoriais entre ducados e impérios, que obrigava produtores a serem criativos e ao mesmo tempo lutarem pela sobrevivência. A relação Inglaterra e França nunca foi estável, gerando grandes conflitos como a Guerra dos Cem Anos, que se iniciou em 1330. Além disso, o fator climático influenciava muito, pois havia anos em que a safra era excepcional e outros em que era um fracasso total. Fora isso, fatores sociais como a grande Peste Negra (entre 1347-1351), que levou à morte de 200 milhões de pessoas na Europa, alteraram completamente o ritmo econômico do continente (no momento em que escrevo este livro, a humanidade atravessa um novo ciclo pandêmico com uma doença ocasionada pelo coronavírus se espalhando, contaminando e matando milhares de pessoas no mundo afora, colocando milhões de pessoas em quarentena, esvaziando cidades e parando atividades econômicas. Me parece que entraremos num novo momento socioeconômico no mundo). Além disso se somava ainda o fato de que os vinhos não duravam mais do que um ano (o que realmente era uma verdadeira dor de cabeça), pois os vinhos da região de Bordeaux na época eram de característica juvenil (claretes), como os *beaujolais* atuais.

Como a demanda era muito crescente (burguesia e população em ascensão), se consolidou na época um processo de internacionalização do comércio dos vinhos. Para suprir esse consumo cada vez mais alto, outras regiões da Europa começaram a florescer, principalmente após o século 14; em especial os Toscanos, Sardenhos, Espanhóis da Andaluzia e Portugueses do Douro (estes um pouco mais tarde). Mas sempre com Bordeaux centralizando tudo, pois virou uma forte importadora (na época dentro do imaginário do consumidor, os vinhos de lá eram irreparavelmente os melhores). Ou seja, compravam de fora e rotulavam como de Bordeaux (interessante que essa prática ainda funciona hoje em muitas partes do mundo, inclusive no Brasil).

O período que remonta ao entorno do início do século XV propicia que outras regiões se consolidem sem precisar da bênção dos franceses. Novas regiões se consolidaram (toscanos, genoveses, piemonteses, gregos, andaluzianos, húngaros, georgianos, etc.) e os consumidores também se automatizaram e começaram a buscar na "fonte". Os reinados belgas, germânicos, nórdicos, polacos e austro-húngaros despontaram como grandes consumidores. Ou seja, a guinada no comércio havia sido dada e as novas enorregiões ganharam força.

Todo este contexto (agregado às variáveis do terroir e clima) explica o porquê de as enorregiões se consolidarem prioritariamente no eixo entre as latitudes de 30° e 45°. O instigante é que tratar de vinhos desta região é tratar de História.

Ultrapassando vários ciclos históricos do desenvolvimento do setor, observamos que o século XIX foi o momento em que as enorregiões do novo mundo se consolidaram. Como destaquei acima, essas regiões foram implementadas muito pelo impulso do colonização europeia, e desta sofreram muitos regramentos e definição de formatos produtivos. Alguns países colonizados, como Peru, Chile e Brasil, sofreram restrições para não competirem com os produtores de origem dos espanhóis e portugueses (final do século XIX). Mas, no contexto geral, a produção se deu mais para o abastecimento local de um mercado consumidor em ascendência, vistos o crescimento populacional e o fortalecimento da burguesia.

O desenvolvimento e a consolidação desse setor se deram pelo impulso da colonização, mas o mesmo ocorreu onde o terroir e as condições climáticas assim o permitiram. Tanto nos países da América Latina como nos EUA, Austrália, Nova Zelândia e África do Sul a consolidação das regiões se deu muito na lógica da tentativa de acerto e erro; visto o incipiente conhecimento sobre as condições climáticas daquele país novo, como ainda o pouco entendimento de perfil do terroir local. As coisas naquela época não caíam de paraquedas prontinhas. O que facilitou para uma certa aceleração da dinâmica para o sucesso dos testes foi talvez uma "convergência dos astros do universo", que fez com que a chegada dos colonizadores tenha se dado em locais, digamos, "mais propícios" à viticultura.

No Brasil a região serrana do Rio Grande do Sul apresentava um bom terroir, mas o clima sempre foi um fator de instabilidade, o que exigiu dos colonizadores um esforço e empenho maior para que a viticultura ali se desenvolvesse bem (pode-se considerar que foram verdadeiros heróis!). Da mesma forma, o centro do Chile apresentava as melhores condições de terroir, mas os espanhóis enfrentavam a adversidade climática verão/inverno, vista a proximidade da Cordilheira dos Andes; o mesmo se dando no lado argentino na região de Mendoza, onde a falta de água sempre foi um problema a mais na rotina (tenho que dizer que esses foram grandes guerreiros para conseguirem superar tantas adversidades). O sul da Austrália e o norte da Nova Zelândia, "escolhidos" pelos colonizadores, propiciaram uma certa agilidade na consolidação da região, mais próxima ao oceano (fornecia uma homogeneidade climática rotineira), em especial para o sul/sudeste da Austrália. O norte da Nova Zelândia possuía um comportamento climático subtropical, o que significava uma previsão mais rotineira das mudanças climáticas, ou seja, facilitou a vida de todos. A África do Sul foi muito influenciada pelos aspectos históricos e econômicos, tendo em vista ser o ponto de conexão marítima das navegações entre Europa e Ásia. Então, as experimentações ficaram sempre voltadas a regiões proximas ao oceano, tendo em vista que o fator logística pesava muito. É um país que passou por várias tentativas, de erros e acertos, pois as condições climáticas do ciclo verão/inverno eram muito difíceis de serem domadas.

Desta forma, tais cenários comprovam que os fatores físicos locais foram preponderantes na consolidação das enorregiões, propiciando o surgimento de grandes produtores que apresentaram/apresentam ao mundo excelentes vinhos, respeitados e pontuados internacionalmente.

Regiões: o incomum próximo ao Equador e polos

Enfrentar as adversidades e dificuldades impostas frente aos projetos perseguidos ao longo da vida é a característica existente quando se trata de desenvolver a viticultura em ambientes inóspitos à sobrevivência das *vitis*, sendo em regiões próximas ao Equador, ou próximas aos polos.

Como já comentamos em capítulos anteriores, a planta *vitis* possui um limite de sobrevivência no que se refere às condições ambientais, e o clima se destaca. Quando saímos do eixo de latitude entre 30° e 45° entramos num ambiente em que o próprio ser humano precisa se esforçar para sobreviver, o que dirá as plantas. As relações de ambientes climáticos entre quente/úmido – quente/seco e frio/úmido – frio/seco serão determinantes para o sucesso da evolução da planta em uma determinada unidade vitícola. Isso influencia na determinação do estilo de plantio e condução da videira em espaldeira; ora com o plantio em maior densidade, ora mais espaçadas; maior ou menor exposição foliar ao sol; maior ou menor exposição solar ao dossel, relação altura/largura do dossel, etc. Isso influencia também nas ações de poda e dormência da planta, que serão completamente diferentes conforme o ambiente climático local (temperado/equatorial).

Em ambientes temperados, entre as latitudes 45° e 50°, as condições climáticas possuem um maior rigor comportamental, com as alterações abruptas de umidade e temperatura sendo muito comuns e com os invernos rigorosos sendo a rotina. No mundo vitivinícola temos alguns exemplos importantes a serem listados: a França (tendo em vista todo seu histórico) ganha destaque, pois da metade do território para o norte do país tem uma característica climática que exige um grande esforço para a planta *vitis* sobreviver. Ou seja, num primeiro momento não seriam regiões boas para a viticultura, mas se desenvolveram devido ao empenho do Sapiens para que a coisa acontecesse. Na Alemanha todas as enorregiões se localizam neste eixo mais problemático (próximas à latitude 50°), fazendo com que os produtores se empenhem com muito dinamismo para que a produção e a colheita de uvas ocorram (as escarpas do Vale Mosel são exemplos próprios disso).

As viticulturas suíça, húngara, romena, moldaviana e ucraniana, além do nordeste de Itália, sobrevivem em condições de dificuldade para o pleno desenvolvimento da planta, sendo necessário o constante acompanhamento do produtor para que a safra efetivamente ocorra. O mesmo vale para a Província de Xinjiang, na China. No hemisfério Sul temos os exemplos da Patagônia Argentina e a região dos lagos no sul do Chile como locais de forte interferência do fator climático. No outro lado do planeta, o sul da Nova Zelândia é outro exemplo, com viticultura no entorno da latitude 47°.

Da mesma forma, ao longo do espaço geográfico do planeta, temos as regiões que estão mais próximas ao Equador (latitude entre 0° e 15°), o que implica altas temperaturas e baixa umidade em ambientes ecológicos agrestes ou úmidos quando em ambientes florestais. O gradiente térmico dia/noite praticamente inexiste.

No hemisfério Sul temos alguns exemplos como a Colômbia, Peru e o Nordeste brasileiro (Vale do São Francisco), em se tratando da América do Sul. No hemisfério Norte, temos exemplos de viticultura bem desenvolvida no Líbano, Israel, também em parte da Colômbia, Panamá e em parte da Tailândia. Essas regiões do planeta exigem um esforço e tecnologia maiores por parte do produtor, pois diferentemente dos climas temperados, aqui se está muito exposto e dependente do clima. Para minimizar a dependência se faz o uso de um aparato tecnológico muito sofisticado, como irrigação de precisão, hibernação forçada, número de podas a mais, clones distintos, equipamentos de monitoramento de alta tecnologia, etc. É de destacar que os produtores se envolvem de uma maneira mais intensa, comparando a outras regiões.

Relação do terroir das regiões com os rótulos

Este assunto tem muito a ver com o marketing do terroir na estratégia/definição de rotulagem dos produtos, pois sabemos claramente que um rótulo é fundamental para o sucesso do produto engarrafado (o líquido também, óbvio!). Atualmente a relação da imagem do produto com o terroir ganha mais espaço no processo de venda da marca.

Creio que a maioria de vocês que aqui nos lê já deve ter feito visitas às vinícolas. O roteiro em todas quase sempre é o mesmo: apresentam a estrutura e história, mostram os parreirais quando estão próximos, passeiam pela linha de produção mostrando o maquinário, depois vão para o depósito (caves) onde estão os barris e garrafas em repouso, e por fim o setor de degustações, ou melhor, a sala comercial onde vocês, emocionados, compram quase todo o estoque da vinícola! Nas caves vocês viram centenas de milhares de garrafas deitadas em repouso; todas sem rótulos. Vocês já perceberam que quando olhamos aquelas garrafas temos o sentimento de admiração pela quantidade; são muitas! Mas, é só! Estranho, né? Mas quando você chega ao setor comercial, aquela mesma garrafa sem graça que estava lá atrás guardadinha agora está toda bonitinha com rótulos de estética linda! Agradáveis aos olhos. Que máximo, não? Tenho certeza de que em algum momento vocês compraram algumas garrafas não só pelo líquido, mas pelo rótulo também. Que coisa, né? Lá atrás a garrafa era feinha, agora vocês se apaixonaram e vão pagar o que for para comprá-la!

Pois então, isso é marketing puro e direcionado, pois cada rótulo tem um propósito e um público específico. Até a metade da década de 1980 as rotulagens obedeciam a um padrão mais normativo e conservador; e após esse período os mesmos obtiveram um redirecionamento significativo a nível mundial. Vários motivos explicam isso, mas em especial foram a mudança de comportamento do público consumidor e o perfil etário deste; a presença marcante e em ascensão das mulheres; e o ciclo pró-positivista pós-segunda guerra mundial. Esta inserção de um novo tipo de consumidor obrigou as vinícolas a disponibilizarem também produtos diferenciados e específicos ao gostos dele. Ou seja, o mercado foi inundado por novos rótulos e novos produtos. Naquela época as vinícolas possuíam de quatro a seis produtos em seu portfólio. Hoje, é comum chegarem a ter mais de 50! O mercado mudou, são outros tempos.

Vivemos um ciclo virtuoso e intensamente dinâmico em que o que é bom hoje não o é mais amanhã. Na indústria do vinho acontece o mesmo. As rotulagens tentam entender e captar nichos do mercado que antes não eram levados em conta. Temos rótulos de caráter étnico, cultural, das artes, do terroir, dos costumes, da religiosidade, de povos, ecológicos e por aí vai. Tem para todos os gostos. Esse formato de rotulagens cria uma relação muito interessante com o consumidor, pois o mesmo se identifica e adquire o produto. Funciona! Vejam alguns exemplos a seguir (a escolha foi aleatória, sem vínculo com alguma das vinícolas).

São rótulos que trabalham forte com a psique do consumidor moderno/contemporâneo. Existe uma lógica de trabalhar com elementos de estética dinâmica sem forma isotrópica; elas pulsam, emocionam; mandam uma postura

de positivismo, de relações sociais ininterruptas, com o belo e a estética do lírico, e em alguns casos até narcisista. O artista do rótulo se relacionando com um consumidor intateável, ou seja, uma arte sem fronteiras.

Não possuem regramentos de exposição do rótulo, mas sim ao contrário, pois a criatividade ilimitada é a fronteira. Da mesma forma, de maneira antagônica, se compartimenta em busca de um nicho de mercado ávido por novidades.

Cultural

As bases da formação e convivência social de um indivíduo são os referenciais destes tipos de rótulos. A cultura local, os costumes, a arte clássica e seus traços sóbrios previsíveis são definidores do padrão de rotulagem. Entra neste caso a relação de origem do indivíduo, sua base de criação desde criança à fase adulta com todo seu espectro de entendimento do que é vida. Cores e bordas limitadas com uma estética linear e familiar. Provocam sensações apaziguadas, tranquilas, objetivas e afetivas.

Trabalham primordialmente com um nicho de mercado mais homogêneo, de tradições e que busca aquilo que os inspirou na formação de apreciador de vinhos. A tradição predomina.

Terroir

A estética é compartimentada, limitada e objetiva, quase científica. Cores sóbrias e frias, com traços firmes e delineados, a sobriedade é o padrão. Se apresenta como uma obra literária, informativa, técnica, instigativa, pois desperta o desejo e a curiosidade da informação ao consumidor. Não existe arte, existe ciência no rótulo e no vinho, pois a relação com a bebida e a estética do terroir são o motivo da exposição do rótulo. A monotonia estética do rótulo, mas sem a monotonia da bebida, pois ela expressa o ápice da ciência na elaboração do produto. O diferencial do terroir e da estética da rotulagem leva o consumidor ao mundo estoico; é o Descartismo rotulado. Atende a um nicho de mercado vinculado a experimentações pré-definidas, em produtos com base científica, justificadas na lógica de que "consta o terroir é porque o vinho expressa o terroir". Esse nicho de mercado é curioso e não se importa com o custo da garrafa, o que vale é a possibilidade de experimentação do inusitado científico.

Étnico

Mais do que nunca aqui a sobriedade é o elemento norteador. Linear, objetivo, com a arte informando e compartilhando. O artista do rótulo compartilha histórias e relações sociais familiares quase milenares, ele fala com o consumidor, pois ele é tateável. Não se trabalha a desconformidade, mas sim a conformidade, com delimitações entre bordas, letras e cores. História e família aqui se encontram, têm valor estético, têm validade. Uma estética um tanto que narcisística, pois retrata um compartimento social específico. Não vale a experimentação, mas sim a estética e o terreno previsível.
Atinge um nicho de mercado muito específico, formatado e previsível. Aqui valem algumas regras de produção enológicas adaptadas aos valores tradicionais e culturais. Em muitos casos a bebida quase é etérea, a prioridade é o valor cultural que ali se apresenta. Não possui escala de produção, pois o nicho é restrito.

A estética inusitada e vinculada às coisas de Gaia é o referencial. Linhas modernas, cores quentes, letras disformes, bordas limitadas criam a expressão da relação do ser Sapiens com os aspectos da natureza. Rotulagem objetiva, literal e informativa, mas não científica, e sim holística. Não existe obra de arte, mas sim um grafismo informativo, visceral, quase impositivo; pois a natureza pede espaço. Existe uma relação tênue entre a bebida e o terroir, pois ele expressa um espaço geográfico ambiental onde as videiras existem, e como tal, é destaque a ser atendido. O inusitado e o curioso estão presentes, pois a rotulagem propicia, e como tal o vinho assim vai disponibilizar as sensações possíveis.

Atinge um mercado amplo e em franca ascendência, que busca os referenciais de Gaia. Vinhos biodinâmicos ou sem agrotóxicos são os referenciais. O nicho consumidor exige e como tal busca esses componentes. É um consumidor fiel quando o produto expõe esses conceitos, e assim, dessa forma, vale o investimento feito pelo produtor, pois é venda garantida.

Para o assunto específico que estamos desenvolvendo neste livro, observamos que as enorregiões e seus terroirs sempre estão presentes nas rotulagens atuais. Diferente da França, onde o nome do Château basta, no restante do planeta as prioridades dos referenciais de rotulagem são outras. Existe um interesse por parte das vinícolas em mostrar que existe um mundo de vinhos de grande qualidade fora dos limites dos franceses, fazendo com que os gestores vitivinícolas tentem incessantemente expor ao público consumidor o lado da grande qualidade que eles produzem.

Temos que ter em mente que até meados da segunda guerra mundial o conceito e o berço do imaginário de consumo do vinho do consumidor ao longo deste mundo estavam focados na França, e como tal as regras de mercado eram ditadas por ela. A chegada dos vinhos do novo mundo (com mais impulsão após o julgamento de Paris, em maio de 1976) e fora do núcleo europeu forçou uma guinada no comportamento de consumo geral. Novas experiências sensoriais com vinhos por parte do consumidor estavam sendo buscadas. Tais experiências estavam vinculadas ao jeito de ser do cidadão no mundo de mudanças sociais aceleradas que se consolidava (relações sociais, igualdade de direitos, música, literatura, ecologia, gastronomia, etc.). A sociedade pós-segunda guerra se reposicionou, e como tal a valoração física e sentimental das coisas mudou, fazendo com que efetivamente o *personal welfare* se implantasse em vários países mundo afora.

Como vemos hoje, os gestores vitivinícolas se aperceberam desse universo social se consolidando e se posicionaram e reposicionaram no mercado para atendê-los, e a rotulagem foi um dos mecanismos de exposição.

Num primeiro momento foi importante expor o espaço geográfico de onde estavam vindo esses novos vinhos. Dessa forma, inserir no rótulo as regiões como Napa Valley, Hunter Valley, Valle Colchagua, Malbourogh, Vale de Uco, etc., foi ferramenta importantíssima para o posicionamento de mercado desses produtos. Hoje soam como nomes comuns para nós, mas tente se imaginar em 1950 (sem internet, TV, WhatsApp) e você chegando em uma loja de vinhos ou supermercado europeu e norte-americano e vendo um rótulo com essas regiões ali expostas (atenção que nem todas que listo acima existiam naquela década). Com certeza o imaginário do consumidor vai ao mundo! Tentando imaginar o que de bom tem no outro lado do planeta e que está dentro daquela garrafa. Regiões de estepes, desérticas ou com oásis de vegetação produzindo grandes vinhos. O cidadão naquele momento se sentia como um Indiana Jones do vinho, descobrindo novas fronteiras. Funcionou! Tanto que o mercado de hoje mostra isso, com os produtores de todas as regiões no planeta fazendo uso dessas informações (à exceção, claro, do núcleo conservador/engessado europeu).

É nesse contexto que enxergo como prioridade dentro da rotulagem a questão da enorregião, pois traz para o consumidor um universo enorme de opções.

Hoje em dia percebemos facilmente a presença de marcas novas e com um perfil diferenciado ocupando as prateleiras de lojas especializadas ou de supermercados, e sendo bem honesto, isso é fantástico! Recentemente (ano 2020), foi apresentado o resultado de mais uma pesquisa anual sobre marcas mais admiradas no mundo, organizada por uma empresa privada atuante no ramo das bebidas – *World's Most Admired Wine Brands 2020 (Drinks International)* –, na qual 48 especialistas da área fazem um comparativo com critérios mais amplos onde até a questão da rotulagem é avaliada. Ou seja, não é um concurso de vinhos, pois avaliam vários outros fatores do produto em si.

O resultado chama a atenção para os 10 primeiros colocados:

1- Catena (Argentina)
2- Penfolds (Austrália)
3- Torres (Espanha)
4- 19 Crimes (Austrália)
5- Concha y Toro (Chile)
6- Antinori (Itália)
7- Symington (Portugal)
8- Villa Maria (Nova Zelândia)
9- Vega Sicília (Espanha)
10- Cloudy Bay (Nova Zelândia)

Este ranking apresenta um cenário bem realístico do consumo dos vinhos mundo afora. Existe uma clara tendência à busca por produtos diferenciados e que alcancem o paladar do consumidor contemporâneo. Alguns elementos organolépticos do indivíduo consumidor são definidores para a compra de determinado produto, e esses elementos não compactuam mais com os vinhos fortes em álcool e com tanicidade em excesso. O consumidor está mais consciente (principalmente o europeu e norte-americano), na busca por uma vida mais saudável no que trate de alimento e bebida, como ainda de inserção e vivência de novos comportamentos sociais. Isso explica por que marcas mais conservadoras europeias estão em posição inferior no ranking ou não estão na lista destacada acima.

Como já havia comentado anteriormente, as vinícolas existentes nas novas fronteiras trabalharam fortemente a coisa da imagem do terroir local, tanto na questão das rotulagens como na expressividade do terroir em si, pois destes é que sai a "marca registrada" da vinícola. Isso tudo teve um ganho significativo ao setor posteriormente, pois desses locais é que saíram/saem os vinhos das nova geração de consumidores, ou seja, os novos consumidores aderiram aos vinhos do novo mundo e apreciam o que o terroir desses locais fornece. É interessante destacar tal cenário, pois o ranking apontado acima expressa muito essa relação do rótulo com o terroir local, trazendo o DNA da enorregião.

No capítulo seguinte trato melhor sobre esta relação do gosto pelo vinho em cada consumidor. Mas devo destacar que a presença de novas marcas e rótulos expressa os sentimentos e os fatores sensoriais organolépticos de cada consumidor mundo afora. Ele pode ser diferente em cada região, mas existe uma média geral, e por isso a presença constante de novos rótulos nos vários mercados mundo afora traz uma informação muito importante para o mercado produtivo.

Dentro desta ótica é útil fazer uma interpretação de dados estatísticos quando possível, e no caso do Brasil, coube ao Instituto Brasileiro do Vinho realizar uma pesquisa de consumo no ano de 2008 no mercado brasileiro (apesar do tempo, ainda é bem atual). Foram entrevistados 160 canais de venda e consumo nas cidades de Porto Alegre, São Paulo e Recife. Os resultados estão no site do Instituto. Os dados mostram e confirmam as diferenciações organolépticas dos indivíduos e a concepção que o consumidor tem quanto ao vinho; inclusive com diferenças entre a região sul e nordeste do país. Mostram que o Brasil ainda está se descobrindo no que trate de vinhos, e por isso, tem um longo caminho a seguir.

Os dados apontam que o vinho ainda é um produto tradicional em sua estética (dados de Recife) e que para ser bom tem que ser caro (principalmente no varejo). É uma visão mais conservadora e clássica vinculada à ótica do canal de venda e do consumidor. Ao mesmo tempo, os dados mostram que o espumante brasileiro é considerado superior aos importados e que os rótulos e garrafas sofisticados são mais aprazíveis e interessantes para vender. Junto a isto, se identifica ainda uma concentração de consumidores jovens (35 a 45 anos) consumindo esses espumantes e vinhos finos. Tal leitura demonstra uma postura de maior abertura às novidades, e no geral está vinculada a um consumidor mais propenso a experimentações. Nestes dois exemplos básicos se enxergam dois Brasis, com uma interpretação diferente do mundo dos vinhos. Obviamente, para o produtor são nichos de mercado diferentes a serem trabalhados e captados, mas também exige um esforço maior para a geração de novos rótulos e variedades da bebida.

Evidenciamos uma forte relação entre o consumidor e o novo, o inusitado e o bem-estar que o vinho traz, tudo vinculado a essa estética do terroir e dos novos produtos disponíveis. Ou seja, existe um constante dinamismo mercadológico contemporâneo, com nichos de mercado a serem explorados pelos produtores vitivinícolas.

Como dizem, imagem fala tudo. Logo a seguir, duas expressões de vinícolas que vivem esses compartimentos mercadológicos e, por que não, ideológicos.

O novo:
Yealands State Wine /
Malborough-Nova Zelândia
https://www.yealands.co.nz/

O tradicional:
Clos Vougeot /
Borgonha-França
http://www.closdevougeot.fr/en/

Podemos listar aqui vários exemplos como os dois acima, mas deixo para o leitor refletir sobre essas questões e tentar ver em qual deles melhor se identifica. Não vale dizer que ambos são bons (o que é uma verdade!), mas creio que conseguimos nos identificar conforme nosso perfil organoléptico e a forma como entendemos o compartimento socioeconômico que essas instituições representam, pois o que vale aqui não é só história, mas sim comportamento social e a forma como entendemos nosso dia a dia, com o vinho presente ou não.

5

AFINAL, QUAL VINHO É O MELHOR?

"... o vinho, à velhice,
Procura belos dias.
O vinho, à ternura,
Oferece um potente socorro.
Derramai, derramai sempre!
(Armando Gouffé – 1805)

Uma pequena pergunta, mas com uma resposta longa e por vezes complexa (a verdadeira resposta que vale US$ 1 milhão!). Seguidamente somos abordados com essa pequena interpelação, e, sinceramente, temos que fazer o cérebro trabalhar fortemente, pois a resposta não é simples. Já deve ter escutado várias vezes a resposta básica: *"É aquele que melhor lhe agrada".*

E, olha, dependendo do cenário em que me encontrava, já dei essa resposta. No entanto, nunca me convenci dessa decifração.

Para mim existem dois fatores que tornam a resposta complexa, os quais são: o ambiente etnogeográfico onde está/vive a pessoa e o perfil sensorial organoléptico do indivíduo. Devemos ter claro que o ser Sapiens é formatado/forjado desde bebê por uma centena de componentes físicos, sensoriais, sociais e culturais que propiciam a criação de um indivíduo adaptado ao ambiente em que ele se encontra/vive. Exemplificando: uma pessoa da Patagônia argentina é bem diferente de um indivíduo das estepes da Mongólia, bem como um indivíduo das Ilhas Polinésias difere de um cidadão do bairro Manhattan, em New York. Isso pode parecer óbvio, mas é aí que residem as diferenciações do gosto pelo vinho.

Em cada um desses ambientes somos forjados desde bebês a responder às adversidades e facilidades ao longo de nosso desenvolvimento em direção à fase adulta, na forma de nos adaptarmos ao local e assim sobrevivermos. Nesse desenvolvimento construímos o "Eu" com todas as variáveis necessárias ao nosso pleno desenvolvimento. Tudo isso influencia diretamente na questão do consumo de hábitos, costumes e alimentos. Dentro de nosso tema do livro verificamos que a consolidação de bebidas como tequila, rum, saquê, vodka, licorosos como tokay, madeira, porto, amarula, amaretto, dentre tantos outros, se estabeleceu por conta desses fatores de adaptação do ser Sapiens. Para o consumo dos vinhos é a mesma coisa.

Mas então alguém pode afirmar que no Brasil é fácil, pois é um país onde o comportamento do povo é igual. Não! Um cidadão do

Amapá foi forjado diferente de um cidadão da região da Campanha no Rio Grande do Sul, e são bem distintos. Mas no Uruguai é tudo mais simples. Não! Um uruguaio da província de Rocha se comporta muito diferente de outro da província de Artigas. Parece que estou exagerando. Já visitaram o principado de Mônaco? Quem está em Fontvieille tem costumes e hábitos diferentes de quem vive em Monte Carlo. Incrível, mas o ser Sapiens apronta dessas.

Mas, amigo leitor, não estou aqui querendo complicar a coisa toda e criar um cenário de tudo ser indecifrável. Muito pelo contrário. O que estou colocando aqui é que se você parar e der uma refletida com mais parcimônia, irá verificar que tudo isso é muito óbvio, desde que você consiga perceber essas variáveis todas.

O consumo do vinho está intrinsecamente vinculado a essas coisas todas. A questão do consumo de rótulos, de regiões, de tendências e das coisas locais é resposta a esses fatores que listei. Variam de região para região no planeta. Dessa forma, a resposta para o questionamento no início deste capítulo terá que ser dada adaptada ao local onde você está. Num artigo publicado por Parr et al. (2016) eles chegam a destacar bem essas condicionantes locais, fazendo uso da experimentação com vinho do varietal Sauvignon Blanc neozelandês e francês, sendo estes avaliados por técnicos de ambos os países (mundos opostos). Ficou evidente nesse comparativo científico que as variáveis locais influenciam nas respostas organolépticas do indivíduo. Fazendo um pequeno parêntese: por essas e outras sempre digo que o trabalho do sommelier é importantíssimo e fundamental em alguns eventos, visando sempre desvendar o nó que pode ocorrer em determinado ambiente degustativo e, assim, facilitar a vida de todos.

Preciso destacar ainda que vivemos no atual século XXI em uma grande comunidade social global, onde agora, neste exato momento, ocorrem atitudes e situações que são comuns em qualquer lugar no planeta (comportamentos, aquisição de equipamentos tecnológicos, consumos alimentares e de bebidas, tecnologias). Isso implica disponibilizar grandes ofertas para grandes demandas. No mundo dos vinhos é igual.

Existem vinhos e varietais que ultrapassam as barreiras etnogeográficas decorrentes de uma série de fatores. Nos dados estatísticos da OIV para o ano de 2017 identifica-se que alguns varietais são cultivados em várias partes do mundo, em especial: Kyoho (365.000 ha), Cabernet Sauvignon (341.000 ha), sultanina (273.000 ha), Merlot (266.000 ha), Tempranillo (231.000 ha), Airén (218.000 ha) e Chardonnay (210.000 ha), só para citar os principais. São números impressionantes. Para se ter ideia, um campo de futebol oficial tem 0,825 ha, e assim, o plantio de Cabernet Sauvignon nesse levantamento equivale a 413.300 campos de futebol! É muita coisa, não? São exemplos do dinamismo cultural global que vivemos, pois são varietais que formatarão vinhos de grandeza global. Desta forma, se produzem vinhos em grande escala para qualquer região do planeta, e também se produz vinho de pequena escala (vinícolas-boutique) para contextos locais. Estão disponíveis para qualquer tipo de demanda.

Com isso, o interessante é que apesar das grandes escalas, estes varietais podem se adaptar a contextos muito locais, específicos, convergindo com os costumes e hábitos de um determinado local. Por exemplo, para o caso de sugerir a alguém que vive em Ushuaia-Argentina para acompanhar um almoço em que será servida carne de cordeiro patagônico. Essa pessoa que vive lá poderia nos perguntar: qual vinho é o melhor? Sabendo o ambiente climático em que vive, os aspectos culturais (cidade pequena turística com descendentes de espanhóis e índios), os gostos culinários (carnes vermelhas e frutos do mar), região polar e afastada de grandes centros urbanos, é possível perceber o tipo de perfil organoléptico que um determinado cidadão desse local teria, não? Por esses fatores básicos eu iria sugerir o tannat para acompanhar a carne de cordeiro (veja bem, não somente pela carne em si). Atravessando a Cordilheira dos Andes para o Chile, na região de Los Lagos e Itata, o mesmo prato de almoço poderia ser acompanhado com outro varietal, a País (variedade criola local). A justificativa vai mais pelos aspectos culturais da região (com miscigenação direta dos Mapuches), onde o perfil sensorial organoléptico dessas populações está adaptado às questões geográficas e dos costumes locais. Veja bem, entendo que o vinho com a uva Tannat também poderia ser utilizado, pois harmoniza com o prato, mas entendo que o contexto local, com todos seus aspectos culturais e fisiográficos, propicia que a País seria a que daria uma resposta mais efetiva ao indivíduo consumidor dessa refeição. Reforço aqui que não precisamos ser psicólogos para propormos alguma harmonização; mas com certeza temos que entender as pessoas com a quais estamos lidando naquele momento. Podemos escrever várias páginas de exemplos do mundo afora para confirmarmos a efetividade desses fatores.

Assim, dentro desses cenários é importante que avaliemos mais alguns fatores para que nos sirvam de base para decisões e ações para o consumo do melhor vinho.

Sem decoreba de rótulos!

(O que vale são as regiões)

Durante o período de faculdade tive uma amizade bacana com um rapaz que estava fazendo a faculdade de Física, ambos na Universidade Federal do Rio Grande do Sul (UFRGS). Eu conversava e convivia com ele todos os dias, pois morávamos na Casa do Estudante. Ele tinha uma particularidade interessante: uma capacidade de memória diferenciada, era superdotado na capacidade de armazenar informações. Lembrava de várias coisas e de qualquer tema em detalhes. Era torcedor do Grêmio (como eu também) e, por incrível que pareça, sabia de cor a escalação do time que jogou naquele domingo de setembro contra um time de São Paulo pelo Campeonato Brasileiro de 1979, ou do Campeonato Gaúcho de 1983! Na ponta da língua, um por um! O rapaz era um fenômeno! A vida seguiu com seus rumos e, depois que nos graduamos, consegui ver ele somente duas vezes (uma delas no estádio). Ele me contou que tinha passado num concurso para trabalhar num órgão do poder judiciário (se não me engano foi no Tribunal Regional Eleitoral), e obviamente passou em primeiro lugar sem errar uma questão da prova!

Pois então, trago esse exemplo pois gostaria de usá-lo para o mundo dos vinhos. Segundo dados da já citada Organização Internacional do Vinho, sabemos que Bordeaux possui muitos produtores, e como exemplo, se pegarmos só a AOC de Médoc identificaremos que possuem aproximadamente 7 mil produtores (*Châteaux*). Levando em conta a quantidade de produtos que lançam no mercado a cada ano, chegaremos a extraordinários 35 a 40 mil rótulos! Só ali! É muita coisa! Isso tudo tem motivações não só mercadológicas como também históricas, então não é de se estranhar tal cenário.

Mas levando em conta essa situação devo lhe perguntar: você consegue decorar ou memorizar todas essas quantidades de rótulos? Se fosse o meu amigo da faculdade com certeza ele conseguiria. Mas eu, impossível! Então, se você estiver participando de eventos enológicos com degustações, não fique constrangido se der de frente com alguém nesses locais que desliza uma infinidade de rótulos que conhece e degustou. Uma pessoa assim nos deixa às vezes até pequenos, não? Do tipo: *"Pô essa pessoa é o bambambam dos vinhos!"*. Não. Talvez ela só tenha mesmo uma alta capacidade de memória como meu amigo e uma conta bancária bem boa! Bom, mas e por que memorizar rótulos?

Na minha modesta opinião, não tem muito sentido ficar decorando rótulos – salvo em uma situação. O que vale efetivamente é memorizar/entender regiões. Claro que essa simplificação implica alguns riscos, pois conforme o exemplo do Médoc, dos 7 mil produtores, nem todos produzem coisa boa (sim, na França também se produz vinho ruim). Mas aí entra a questão da busca de informação, do detalhe de cada produtor. E isso se faz com uma pesquisa prévia antecedendo uma eventual visitação a qualquer enorregião deste planeta. Ou seja, não é uma boa ideia cair de paraquedas num lugar assim sem se abastecer com um base de informações antes. Só para citar uma referência: vinhos na faixa de €3 lá na Europa. Pensa bem: manutenção dos parreirais, colheita, produção na vinícola, venda, transporte, etc., por esse valor? Alguma coisa está errada, não?

Desses procedimentos de detalhamentos e outros, você consegue criar critérios para gerar uma seletividade para a aquisição de produtos. Defendo aqui (e este é o eixo do livro) que o terroir é o fator de corte para a identificação de regiões que produzem grandes e confiáveis vinhos, e obviamente para a compra de seus produtos. A partir desse corte você entra para o detalhe, para a lupa, e nesses momentos é que vale aquilo que já afirmei: busca de informação.

Na medida em que vamos executando um zoom para a nossa investigação do mundo dos vinhos, observamos que o microterroir se torna um ferramental muito importante no entendimento da qualidade deles. É o fator que define um grande produto, que por vezes não chega a ser um conhecido rótulo. As regiões de Bordeaux e Borgonha são bons exemplos disso, visto o fato de que existem por lá pequenas propriedades com menos de 1,0 ha que produzem excelentes vinhos, mas que em muitos casos possuem rótulos desconhecidos por ampla maioria de consumidores.

Destaquei no primeiro capítulo algumas das principais enorregiões do planeta e que dali saem grandes vinhos. No capítulo 2, também destaco as enorregiões levando em consideração os detalhes do terroir (rochas e solos principalmente). Aglutinar essas informações todas é um grande referencial na hora de comprar ou indicar um determinado vinho. Isso tudo nada mais é do que uma rotina com exercícios investigativos e experimentais, ou seja, na medida em que você utilizar os referenciais dos detalhes do terroir como listei no capítulo 2 e "abrir" os segredos de uma determinada vinícola de uma enorregião que você escolheu, entendo que a coisa pode ficar mais "transparente".

Deve ter percebido que o raciocínio vai sempre na lógica do microterroir. Bingo! Podemos elencar alguns exemplos para o que estou querendo dizer: um excelente Tempranillo posso encontrar na enorregião de Priorat, na Espanha; um excelente Malbec posso buscar no Vale do Uco, na Argentina; um excelente Pinot Noir posso ter na região de Beaune, na França; um excelente Syrah posso encontrar na enorregião de Barossa Valley, na Austrália; e por aí vai. São pequenas regiões que possuem pequenas propriedades no geral e que apresentam grandes vinhos e rótulos. No momento em que você chegou ao detalhe do zoom é que vale a pena decorar ou memorizar o rótulo!

Eu e o vinho (e os amigos?!)

"... beba vinho para o espírito e para a boa digestão. Beba vinho na festa e beba vinho na solidão. Beba vinho por cultura ou por educação. Beba vinho porque... bem, você encontrará uma boa razão."
(Luis Fernando Verissimo)

Padrão internacional: sexta-feira, final de tarde em casa, em algum bar, em algum *pub*, em algum restaurante, em algum clube esportivo ou algum bistrô; relaxa os músculos, solta a mente e se desliga dos compromissos. Sozinho, com membros da família ou com amigos, se inicia ali uma sequência de ações e motivações que nos transportam para um estado de bel-prazer. E nessas horas o Sapiens sempre procura algum acompanhamento estimulante prazeroso, que pode ser uma simples roda de chimarrão para os habitantes do sul pampeano (os gaúchos brasileiros, uruguaios e argentinos); ou pode ser talvez acompanhado por um suco/chá bissap se forem da linha muçulmana; ou ainda quem sabe um huangjiu chinês que já traz junto um toque de brilho devido ao seu teor de álcool; ou um arkavit norueguês para quem quer ligar o turbo! Também, e aí entra a grande maioria no mundo, por uma cerveja, vinho ou espumante.

Enfim, parece que além da convivência ou o estar sozinho sempre exige algum componente aditivante. Parafraseando um músico brasileiro: *"para ir ao cosmo, não precisa gasolina"*; podemos afirmar que nos momentos de convivência ou um posicionamento mais solitário, é a hora em que se busca um estágio digamos que ..."mais humano! ". Temos situações em que esses momentos envolvem atividades esportivas também, buscando em si o relaxamento numa forma mais "física"; e, por fim, um pouco de espiritualidade para aqueles que param e procuram na meditação o seu momento de relaxamento.

Nós, seres Sapiens, somos muito complexos mesmo. Mas se fizermos uma leitura racional, observamos que no final das contas buscamos sempre "nosso" bem-estar social, independentemente de estarmos sozinhos ou envoltos com várias pessoas nos circundando. Somos uma unidade humana e estendemos esse tipo de unidade para outras unidades, e assim temos as convivências sociais. Mas o que isso tem a ver com o vinho, afinal? Tudo!

"Tratamos o vinho com um status diferente, com um certo prestígio desde os tempos remotos. Nem mesmo o fogo purificador dos primórdios da humanidade ou o ouro com sua beleza solar nos seduzem tanto. O vinho nos fascina por ser frágil e fugidio, porque nos torna humanos sensíveis e porque nos apresenta o mundo do amor. Toda a essência do vinho reside nessa estranha faculdade de tocar o cerne da condição humana." (Pitte, 2012).

Neste aspecto nos tornamos um pouco mais humanos e sociáveis com a presença do vinho num *happy hour,* num almoço ou jantar, ou simplesmente degustando. Nessas horas, temos que considerar algumas coisas, pois existem situações muito distintas no que trate de apreciar um bom vinho, em especial posso dizer que o nosso local de vida, nosso *modus operandi* e nossa relação social influenciam muito. Pode parecer estranho para um brasileiro (que tem fama de sociabilidade) se posicionar dessa forma.

Mas, como comentei acima, uma unidade social se movimenta e se relaciona com outra unidade social sempre sobre uma base referencial de vida e comportamentos. Não quero dar uma de psicólogo ou sociólogo aqui, mas é que existem alguns elementos que contribuem muito por nossas atitudes e jeito de ser. Posso afirmar que um cidadão que vive em alguma cidade à beira-mar no litoral nordestino do Brasil possui uma relação de comportamentos sociais bem distinta daquele que vive em Reykjavik, na Islândia, ou a de um gaúcho da região dos pampas da América do Sul para os nativos da região da Polinésia.

Essas diferenças formatam um *modus operandi* e uma interpretação do mundo que o cerca. Isso acontecendo, sabe-se que a forma de consumir o vinho ganha aspectos muito particulares em cada local de vida, ou seja, pode pesar mais o indivíduo só do que um grupo social, ou vice-versa. É importante termos essa noção de nosso mundo social, até para evitarmos cometer alguma gafe de etiqueta quando nos deparamos com algum evento social em algum lugar ao redor deste mundo.

Usando do pragmatismo, posso afirmar que são aceitáveis as distintas formas de consumo do vinho, individualmente ou bem acompanhado; fazendo jus ao ato de consumir uma bebida que nos oferece um prazer distinto de outros que existem. Aliás, vejo isso como um eficiente ferramental de sociabilidade ou de uma espiritualidade contemplativa. Várias situações podem se alinhar para isso, passando por um armazém de beira de estrada no entorno de Durazno, no Uruguai, onde um índio vago encostado no balcão é parceiro de conversa acompanhado com um copo de vinho de mesa; mas também uma senhora aprecia sozinha a tranquilidade em seu sítio na cidade de Villa Rica, no sul do Chile, acompanhada de um gelado Sauvignon Blanc. Mas, sim, também reunido com amigos enófilos em algum apartamento na cidade de São Paulo para degustarem juntos um Syrah Montes Folly, safra 2000. O vinho tem dessas coisas.

Poderia ficar aqui listando várias situações da relação entre o vinho e eu.

Temos as possibilidades de experiências enossensoriais proveitosas em qualquer das situações possíveis, fazendo com que as atividades de caráter enoprazerosas ganhem um sentimento muito útil no que trate do consumo do vinho.

Harmonizar refeição e vinho é importante?

"... No banquete da vida,
a amizade é o pão
e o amor é o vinho..."
(Paolo Montegarra)

A temática deste livro não é destrinchar os detalhes e sutilezas do mundo da harmonização, pois que para isto seria o caso de uma outra publicação; mas para o nosso caso se faz necessário deixar claros alguns conceitos estruturantes que irão nos ajudar quando executarmos harmonização com vinhos de terroir específico.

Lembram de minha assertiva no começo do capítulo que trata dos fatores que definem o melhor vinho? *"O ambiente etnogeográfico onde está/vive a pessoa, e o perfil sensorial organoléptico do indivíduo."* Pois então, entendo que são peças importantes quando tratamos de vinho e harmonização de alimentos. Vejamos.

Os elementos que configuram a harmonização entre vinho e alimento estão centrados na estrutura física e química dos dois e no perfil sensorial do indivíduo. Tal configuração propicia que determinados comportamentos alimentares se mantenham ao longo do tempo e ocorram naturalmente, o que propiciou que ao longo de todos esses séculos tivéssemos criado regras e diretrizes para harmonização. Temos várias publicações didáticas mundo afora, como aqui no Brasil é apresentado numa publicação muito bacana do Euclides P. Borges, *"Harmonização, o livro definitivo do casamento do vinho com a comida"* (2007, Ed. Mauad), o qual acabei adquirindo. Apresentam-se ali (e em outras publicações) procedimentos corretos e eficientes para desenvolvermos e soltarmos nossas virtudes de *bon vivant* que entende muito de harmonização. No entanto, quero acrescentar algumas coisas.

Uma questão: visitando de passagem Larvik, na Noruega, com amigos, fui apresentado a um nativo local de 63 anos que se interessava muito em aprender mais sobre vinhos, e em determinado momento ele me questionou: *"Meu amigo, qual o melhor vinho para tomarmos junto com o arenque, que pegamos aqui no estreito de Skagerrak mês passado? Defumamos alguns e estão no ponto. Vamos servir com batatas e cebolas".* Bah! Deu um nó!

Talvez devêssemos responder de pronto com dados que estão em nossa memória e que têm como base os padrões de harmonização existentes. Pois é, mas o peixe morre pela boca. Devemos ir com uma certa parcimônia nisso tudo.

Nesse cenário, sabe de uma coisa? Sempre achei que ser *sommelier* deveria ser também um pouco de psicólogo, filósofo e sociólogo; e levando em conta que também sou geólogo, acrescento aqui que temos que ter um pouco de historiador tanto do Sapiens como de nossa maravilhosa Terra! É, não é simples a coisa. Um cenário como aponto acima defende minha tese. Vamos lá.

A Noruega, como vocês sabem, está situada num ambiente climático muito rude, em que temperaturas de -40°C são muito comuns mais ao Norte e o sol não é um parceiro tão presente. O povo, em sua grande maioria, é de origem germânica, lapônica e kvenica. Olhando assim, já se identifica o comportamento étnico-social desse povo, não é verdade? Um povo forte, compacto, talhado às rudezas climáticas e, por vezes, do isolamento social. Meu amigo de 63 anos é assim. Trabalha como motorista de caminhão transportando frutos do mar para a capital Oslo; além de ser pescador também nas horas vagas. Um porte físico forte e alto, com as marcas do tempo no seu rosto e cabelos. Sua dieta é muito básica, com alimentos fortes e calóricos. E para amenizar a lida diária esforçada, diz ele que adora vodka (tomava muito a Ketel One). Mas que também tomava alguns vinhos da Alemanha, Hungria e Rússia (a diversidade lá é boa, mesmo aos de poucas posses). Ele gostava de vinhos ácidos e jovens, e bebia algumas boas quantidades de garrafas, principalmente nos almoços dominicais.

Então, interessante o perfil do amigo, não? Que vinho vocês iriam sugerir para o prato proposto por ele? Peço desculpas ao amigo Euclides Borges, mas não iria seguir a cartilha proposta por ele. Como diria o agente federal Eliot Ness, de Os Intocáveis: *"Vamos por partes!"*.

Como é sabido de todos, o nosso jeito de ser atual (o nosso Eu) está configurado por uma sequência de ações físico-sociais que desenvolvemos ao longo de nossa existência até o atual momento da idade de cada um. Desde bebês, quando começamos a "enxergar" o horizonte em que habitamos, inserimos de maneira direta e indireta (consciente e inconsciente) milhares de informações dentro de nosso cérebro que ajudaram a formatar o Eu. Somos uma resposta ao que nos rodeia, independentemente de vivermos em megalópoles ou como eremitas.

Nesta lógica, puxando já para nossa pauta, sempre iremos consumir aquilo que nos trazem as referências, não obstante os modismos imediatistas que nos rodeiam seguidamente. Seguimos buscando novas experiências sensoriais, mas quase sempre tendo como lastro as referências de formação do nosso Eu (é como o adolescente que se criou escutando Led Zeppelin e esta é sua referência de base, mas que hoje, no séc. XXI, escuta Greta Van Fleet e gosta muito deles, uma nova experiência). Então, quando nos deparamos com situações adversas como essas, é importante entender o que realmente representa aquele determinado indivíduo.

Não quero aqui que sejamos psicólogos para realizar um determinado evento de degustação de vinhos, mas temos que aceitar alguns fatores que se apresentam no indivíduo. Quando estamos em um evento de degustação de vinhos trabalhamos com ações sensoriais; e neste aspecto, as sensações são atos dos sentidos e os pensamentos são atos do intelecto, e ambas caminham juntas. *"Considerando o raciocínio de Aristóteles para os tipos de sensações, observamos que sempre estamos sobre o que ele define como 'sensações comuns', as quais trabalham os cinco sentidos mais um, algo como o sexto sentido, que faz o uso em conjunto de todos os outros na forma de síntese, e para isso é necessário o conhecimento – o pensamento".* (Chauí, 2002). Essa cadeia de sensações é o que se expressa quando estamos de frente a indivíduos como o meu amigo norueguês, e elas se moldam na sua base criativa e forjam seus pensamentos e ordens.

Nesse conceito todo é difícil concluirmos com êxito uma ação envolvendo elementos sensoriais se ela não converge, pelo menos em parte, com a capacidade sensorial do indivíduo. Ou seja, podem ocorrer limitações à meta a ser alcançada se não conseguirmos ultrapassar a "barreira" sensorial/intelecto do indivíduo com que estamos em convivência. O que estou querendo dizer é que para um indivíduo como o meu amigo, que foi forjado em seu ambiente ao longo das décadas pelas sutilezas locais, um vinho tânico e ácido é o modelo ideal da sua capacidade organoléptica. Esse mesmo indivíduo pode aceitar outras variáveis sensoriais (vinhos de outros tipos) quando confrontado, mas sua base de lastro está consolidada e é dali o seu referencial.

Mas então, qual vinho seria ideal para o prato do meu amigo? Eu sugeri um Pinotage sul-africano e um Barolo jovem, tânico (comprou este). Algum especialista que nos lê aqui vai afirmar imediatamente: está errado! Tentaria (seguindo as sugestões de Euclides), talvez, oferecer um Dão jovem. Eu respondo que esse tipo de cenário implica levarmos em consideração as variáveis que citamos até agora. Na natureza e no social não existe isotropia, e sim, existe a anisotropia.

Relembrando que na harmonização alimentos/vinhos observamos uma série de regras e diretrizes, mas ela tem como base três princípios: por concordância, por choque/contraposição ou por regionalidade. Tais princípios são a base de todo o processo e como tal funcionam.

Para a situação do amigo eu entendo que o princípio da regionalidade deve ser utilizado, tendo em vista que o arenque é um alimento típico dos países nórdicos e está fortemente incutido na rotina dos costumes locais, e desta forma também faz parte do universo da psique do indivíduo local. Ou seja, se consegue realizar uma harmonização próxima ao ideal fazendo o uso desse princípio.

O que queremos destacar aqui é o quanto os fatores regionais influenciam na consolidação do perfil organoléptico de um determinado indivíduo. A estratégia de realização de ato ou evento de harmonização deve levar em conta esse aspecto. As sutilezas podem determinar o fracasso ou sucesso de uma ação desse tipo. O raciocínio é bem simples: se você for realizar um evento de harmonização em Bagé, no Rio Grande do Sul, saberá que será diferente de realizar um evento em Macapá, no Amapá. Os fatores regionais influenciam no formato do perfil organoléptico dos indivíduos desses ambientes, pois se forjaram de formas diferentes.

O que quero colocar com tudo isso é que não precisa ficar em pânico na hora de fechar o cardápio do almoço de domingo com a ideia do vinho desejado. As regras estão disponíveis em várias publicações, como o exemplo que apresentei, mas as questões do momento podem pesar conforme o caso. Não estamos participando de nenhum concurso gastronômico. Não será pecado algum se lá em Macapá quiserem fazer um jaú na brasa com fortes temperos, e se em Bagé o almoço for galinha caipira temperada com chimichurri e assada no forno, e em ambos os casos, os anfitriões servirem um Pinot Noir com pedras de gelo no copo, para amenizar o calor, pois é verão de 40°C.

Reforço, existem regras e procedimentos bem definidos de harmonização; mas também existe a flexibilidade quando inserimos as variáveis regionais.

6

A UNIVERSALIDADE DO VINHO

SEUS RÓTULOS E TERROIRS

"... O vinho haverá de me ensinar todos os passos...
Hei de desafiar todas as loucas paixões...
Dançarei o desafio dos que padecem esquecidos...
Aos amores não correspondidos...
(Comendador Carlos Donizete de Oliveira – 2014)

Mais do que qualquer outra bebida criada pelo ser humano, o vinho possui uma transversalidade que alcança qualquer território ou sociedade de nosso planeta, em maior ou menor escala, tanto no aspecto do cultivo vitícola como no consumo em garrafa. O que anda junto em maior volume de consumo é a cerveja; mas aí o mundo do vinho alcança um diferencial, pois é possível encontrar parreirais de uva em lugares inóspitos (desérticos ou de muito frio), mas plantio de lúpulo não. São situações bem diferentes mesmo!

O mundo do vinho circula por situações muito variadas, desde o mero ato de consumo físico de um vinho mais simples (de mesa) no balcão de um bar a situações até mais etéreas, quase emotivas, como um jantar romântico, um momento de reflexão introspectiva, um evento social glamouroso ou na pactuação de um grande negócio qualquer. É muito ampla e muito instigante essa capilaridade que o vinho possui em meio à sociedade.

Não precisa sofisticação ou renomado conhecimento técnico, não precisa um ambiente específico, não necessita de regras; somente necessita da abertura mental do indivíduo em querer vivenciar sensações de bem-estar e de bem viver. Simples assim! É por essas motivações que em alguns países o consumo per capita é tão alto, pois é o tipo de bebida que possibilita experimentações em qualquer formato.

Veja bem, meu leitor, não quero depreciar outros tipos de bebida, mas tão-somente mostrar que o vinho nos dá possibilidades sensoriais muito diferenciadas, ou seja, estou querendo dizer que é uma bebida que não foi criada para somente se embriagar; seu papel é outro, e por isso mesmo é especial.

Desde os primórdios da cultura grega o consumo do vinho sempre possuía um caráter de transversalidade social. Situações de encontros como os simpósios (da palavra grega *symposion,* que significa *"beber juntos"*, que eram os encontros deles com vistas a discussões sócio-políticas, como ainda para meros encontros de diversão/promiscuidade) eram sempre regadas a muito vinho.

Conforme o comentário do dramaturgo grego Ésquilo: *"O bronze reflete a aparência; mas o vinho é o espelho da alma!"*, é destacável que é uma bebida que ultrapassava o limite do ato físico da embriaguez; é aquela máxima enófila *"in vino veritas"* (no vinho está a verdade). Nas convivências sociais transversas o vinho é a chave para a convivência! Esse processo se perpetuou ao longo dos séculos com características cada vez mais refinadas e menos promíscuas ao longo dos anos, mas sem perder a transversalidade.

É dessa forma que falar em vinhos é falar em relações de sociabilidade. O resultado invariável do consumo de um vinho, mesmo que seja sozinho e introspectivo, vai ser motivação em algum momento do compartilhamento social das outroras reflexões; ou seja, sempre estaremos em algum momento compartilhando nossa relação vinho/ambiente social, em maior ou menor intensidade, em maior ou menor escala, pois me parece que o vinho triplica a capacidade de falar outras línguas (*stricto sensu* ou não).

Um item importante a ser considerado nesse universo todo é o fato de que no atual momento da sociedade é possível encontrar vinho em qualquer loja ou supermercado no planeta (salvo em países onde o consumo de bebida alcoólica é proibido). A desregulamentação de mercados e a derrubada de barreiras comerciais possibilitaram que desde o período imediato pós-segunda guerra mundial pudéssemos ter acesso a vários tipos de rótulos de vinícolas de vários países. A ampliação desse mercado motivou a chegada de novas vinícolas de novos terroirs, e como tal, gerou uma inundação nas prateleiras das lojas de uma imensidão de produtos. Isso também consolidou uma nova e saudável concorrência.

Para o consumidor comum, isso tudo se tornou uma grande maravilha! Ter vinhos muito bons de/em qualquer parte do planeta. A acessibilidade conectiva e a consolidação da estrutura logística de distribuição formam o aparato para a possibilidade do bem viver com os nossos vinhos favoritos. Nunca o mundo nos deu tantas possibilidades de termos em nossas mesas vinhos de qualquer parte do mundo. A transversalidade econômica e social se consolidou no mundo! Podemos ter vinhos chineses, neozelandeses ou portugueses de maneira muito mais fácil entre nós do que era até a metade do século XX.

Essa capilaridade toda é a marca deste século XXI. Estamos com todos e com tudo; e para tanto, os vinhos nos acompanharão: feiras de produtores, congressos, exposições internacionais de produtos, festas de colheita, simpósios científicos, enoturismo, encontros de enófilos, concursos... enfim, uma infinidade de enoatividades e motivações nesse fascinante mundo dos vinhos.

Devemos observar ainda a possibilidade internacional de acesso à informação sobre o mundo dos vinhos. Desde a década de 1970 se acumulam no mercado várias publicações sobre vinhos. A revista *Wine Spectator,* lançada em 1976, ganhou notoriedade e referencialidade no mundo dos produtores e consumidores de vinhos. Após ela, o mundo da informação por periódicos se consolidou. E hoje em dia existem edições em meio digital, para qualquer parte do mundo, acessíveis por assinatura. Grandes escritores sobre o tema surgiram, como Hugh Johnson (que uso como referencial em capítulos de meu livro), Jancis Robinson, Robert Parker, James Wilson, Oz Clarck e Rod Philips (também o cito), e outros ganharam espaço no mercado literário, e dele vivem exclusivamente.

O mundo da web propicia uma maior intensidade dos fatores de capilaridade e transversalidade no mundo dos vinhos. Encontramos acesso a várias plataformas digitais que tratam do tema: *page* de *sommeliers* com degustações on-line, cursos, palestras, fóruns de debate mercadológico, chats de degustação virtual, seriados televisivos, ferramentas de busca enológica, blogs, lojas de produtos acessórios e de vinhos e outros tantos que facilitam a vida de quem quer efetivamente imergir no mundo dos vinhos. Fazendo um comparativo com a década de 1950 até meados do ano 2000, é possível ver que para entender de vinhos basta se mobilizar, sem a necessidade de gastar vultosos recursos financeiros.

Realmente, ampliamos e formatamos nosso espaço de apaixonados pelos vinhos, nas mais distintas situações ou momentos. Este livro que vos apresentei é mais uma das muitas ferramentas disponíveis para vivenciar este mundo enológico, e como tal, faz a vida se tornar mais agradável e verdadeira. É aquilo que se apresenta para nós quando trabalhamos com aquilo de que realmente gostamos, ou melhor, isso não é trabalho, é prazer. É aquela famosa área 7 que Domenico de Masi nos apresenta (Masi, 2000), do ócio criativo: *"A plenitude da atividade humana é alcançada somente quando nela coincidem, se acumulam, se exaltam e se mesclam o trabalho, o estudo e o prazer"*. E o mundo dos vinhos isso nos dá.

Como, em certo momento, disse nosso escritor Fernando Pessoa: *"Boa é a vida, mas melhor é o vinho";* faz-nos perceber que *"os vinhos são poesia para o corpo e canção para a alma"*. E, sendo assim, merecem um brinde todas as coisas agradáveis que ele nos traz.

Um brinde!

REFERÊNCIAS BIBLIOGRÁFICAS

Chaui, Marilena. Introdução à História da Filosofia. São Paulo. Companhia das Letras. 2002. 539p.

Embrapa. Centro Nacional de Pesquisa de Solos (Rio de Janeiro-RJ). Sistema Brasileiro de Classificação de Solos. 2a Ed. 2006. 306p.

Giovannini, Eduardo; Manfroi, Vitor. Viticultura e Enologia elaboração de grandes vinhos nos terroir brasileiros. Instituto Federal do Rio Grande do Sul-IFRS. 364p. 2009

Grotzinger, J & Jordan,T. 2010. Para Entender a Terra. Porto Alegre: Bokman, traduzido da 6a Ed. 2013, 738p.

Harari, Yuval Noah. Sapiens, uma breve história de humanidade. Porto Alegre. Ed. L&PM. 2019. 459P.

Jay, Peter. A Riqueza do homem – uma história econômica. Rio de Janeiro. Distribuidora Record. 2002. 446p.

Johnson, Hugh. The wine Atlas of France, 4th Edition, London: Mitchel Beazley, New York; Simon & Schuster 1997

Levinson, A.A. Introduction to exploration geochemistry. Calgary. Applied Publishing. 1974. 612p.

Maltman, Alex. Vineyeards, Rocks and Soils. The wine lover's guide to geology. Oxford University Press. 2018. 234p.

Masi, Domenico. O Ócio Criativo. Ed. Sextante. Rio de Janeiro. 2000. 345p.

McGroven, Patrick.; Fleming,, Stuart J.; Solmon, H. Katz. Origins and ancient history of wine. New York. Ed. Routledge. 2003, 433p.

Meunier, Alain; Mexias, André Sampaio & Bortoluzzi, Edson Campanhola. Le Monde des Argiles. Editora Ufrgs. 256p. 2016

OIV. Organisation Internationale de la Vigne et du Vin. Bordeaux. Fance. Organisation Intergouvernementale à caractere scientifique et technique.

Phillips, Rod. Uma breve história do vinho. Rio de Janeiro. Distribuidora Record. 2014. 462p.

Parr, Wendy V.; Domenique Valentim; Jason Breitmeyer; Dominique Peyron; Philippe Darrier; Robert Sherlock; Brett Robinson; Claire Grose and Jordi Ballester. Perceived minerality in sauvignon blanc wine: chemical reality or cultural construction? Arcticle Food Research International – Elsevier. 2016

Pitte, Jea-Robert. Desejo do vinho - conquistando o mundo. São Paulo. Ed. Senac. 2012. 284p.

Rose, A.; Hawkes, H.; Weeb, J.S. Geochemistry in mineral exploration. 2ed. London: Academic Press. 1979. 658p.

Santos, Milton. Metamorfoses do espaço habitado. São Paulo. Hucitec/ Edusp. 1992

Wilson, James E. Terroir, the role of geology, climate and culture in the making of French wines. Edited University of California Press and The Wine Appreciation Guild. 336p. 1998.

Web pages

Mineralidade: *http://www.pleinchamp.com/vigne-vin/actualites/minerali-te-le-lien-au-terroir-divise*

Ranking melhores rótulos 2020: *https://www.tecnovino.com/las-50-mar-cas-de-vino-mas-admiradas-del-mundo-en-2020/?utm_source=mailpoet&utm_medium=email&utm_campaign=-tecnovino-646_99*

Terroir Borgonha: *http://www.vinplaisir.fr/la-formation-des-terroirs/*

Infográfico de solos e rochas em geral: *https://vinepair.com/articles/illus-trated-guide-wine-soils/*

Terroir Nova Zelândia: h*ttp://socialvignerons.com/wine-knowledge/wine-regions/new-zealand-wine-map-regions-grape-varieties-history-and-more/*

Enorregiões do mundo: *https://www.facebook.com/GreatWineCapitals/vi-deos/10155501581477777/*

Degustação geossensorial: *http://viavinea.com/degustation-geosensorielle/*

Mapas de enorregiões: *http://enobytes.com/wine-maps/*

Impresso em Porto Alegre, RS/Brasil – Julho/2020
GRÁFICA COMUNICAÇÃO IMPRESSA